AF550192

Raclette Rezepte

Das Kochbuch mit den leckersten und abwechslungsreichsten Raclette Rezepten für jeden Geschmack

Markus Kopischke

Alle Ratschläge in diesem Buch wurden vom Autor und vom Verlag sorgfältig erwogen und geprüft. Eine Garantie kann dennoch nicht übernommen werden. Eine Haftung des Autors beziehungsweise des Verlags für jegliche Personen-, Sach- und Vermögensschäden ist daher ausgeschlossen.

Copyright © 2023
Email: info@edition-lunerion.de
www.edition-lunerion.de

Alle Rechte, insbesondere das Recht der Vervielfältigung und Verbreitung der Übersetzung, vorbehalten. Kein Teil des Werkes darf in irgendeiner Form (durch Fotokopie, Mikrofilm oder ein anderes Verfahren) ohne schriftliche Genehmigung des Verlages reproduziert oder unter Verwendung elektronischer Systeme gespeichert, verarbeitet, vervielfältigt oder verbreitet werden.

Psiana eCom UG
Berumer Str. 44
26844 Jemgum

Vorwort

Ein Tisch voller Schälchen mit leckeren Köstlichkeiten, der Duft von gegrilltem Fleisch, gegartem Gemüse und gebackenem Käse, dazu das Geklapper kleiner Pfännchen, gemeinsames Lachen und tolle Gespräche. All dies wird möglich durch Raclette.

Das kleine Grillgerät ist der ideale Partner für einen entspannten Abend mit der Familie, einer geselligen Runde mit Freunden oder auch als Highlight für spezielle Anlässe wie Geburts- oder Feiertage. Das Besondere am Raclette ist hierbei jedoch die Vielseitigkeit und Flexibilität. Denn anders als beim klassischen Kochen oder Grillen steht niemand in der Küche oder an der Feuerstelle und stellt ein bestimmtes Gericht her. Beim Raclette kocht sozusagen jeder Gast sein eigenes Süppchen und stellt sich seine eigene Pfanne nach individuellen Kriterien und Vorlieben zusammen.

Egal, ob süß oder herzhaft, mit Fleisch, Fisch oder doch lieber vegetarisch und vegan – der Kreativität sind beim Raclette keine Grenzen gesetzt. In diesem Kochbuch finden Sie über 90 einfache und leckere Rezepte für verschiedenste Raclette-Gerichte, die Sie gemeinsam mit Familie und Freunden zubereiten und genießen können. Darüber hinaus erfahren Sie alles, was Sie zum Thema Raclette wissen müssen, und bekommen wertvolle Tipps und Tricks für die ideale Vorbereitung an die Hand. Also machen Sie Ihren Gast zum Koch und sammeln Sie gemeinsam einzigartige und einmalige Raclette-Erfahrungen.

Viel Spaß und guten Appetit!

INHALT

Das Dinner-Highlight: Raclette

Das Wort „Raclette“ hat gleich zweierlei Bedeutungen. Zum einen ist es der Name einer Schweizer Käsesorte, zum anderen bezeichnet es das Nationalgericht der Schweizer, bei welchem verschiedenste Zutaten in kleinen Pfännchen im Raclette-Grill mit Käse überbacken werden.

Seinen Ursprung hat der Begriff Raclette im Französischen. Raclette wurde aus dem französischen Wort „racler“ abgeleitet, was übersetzt „schaben“ heißt, und wurde im Schweizer Kanton Wallis geprägt. Anders als heutzutage bezeichnete Raclette früher jedoch keinen Grill mit kleinen Pfännchen, sondern vielmehr eine Zubereitungsart von Käse. Damals wurde für ein Raclette ein halber Laib Käse über der Feuerglut erhitzt, um anschließend die obere, geschmolzene Schicht abzuschaben. Die abgeschabte Schicht wurde traditionell mit Pellkartoffeln, Essigzwiebeln sowie sauren Gurken und reichlich Pfeffer verzehrt.

Dieser Käse wurde 1874 im Kanton Wallis als offizieller „Raclettekäse“ eingetragen, jedoch nicht als Begriff geschützt, sodass es heute noch weitere „Raclettekäse“-Sorten gibt. Darüber hinaus gibt es noch den „Raclette du Valais“, einen Raclettekäse, der speziell aus dem Kanton Wallis stammt. Dieser Raclettekäse besteht aus Rohmilch, enthält mindestens 50 % Fett i.Tr., ist namentlich geschützt und stammt ausschließlich aus diesem Kanton. Wer also Raclettekäse in seinem Ursprung erleben möchte, ist mit dem „Raclette du Valais“ stets gut beraten.

Im Laufe der Zeit hat sich der Begriff Raclette jedoch den äußeren Umständen und dem technischen Fortschritt angepasst. Aus dem halben Laib Käse wurde eine Art Tisch-Grill, unter dem man mehrere Pfännchen zeitgleich zubereiten kann. Das heutige Raclette ist somit viel mehr als reines Kochen oder Grillen. Es ist zu einer Art partizipatorisches Kocherlebnis geworden, bei dem Gastgeber und Gäste gemeinsam ihre Mahlzeiten zubereiten. Hierbei ermöglichen die vielen kleinen Pfännchen eine nahezu vollkommene Freiheit in Bezug auf die Wahl der Speisen und Gerichte. Jeder Person ist es freigestellt, welche Zutaten, in welchem Umfang und in welcher Kombination in ihrem Pfännchen landen. Auch Gewürze und der Schärfegrad können ganz individuell genutzt und angepasst werden.

Das Raclette steht sinnbildlich für ein geselliges Miteinander, bei dem Gerichte gemeinschaftlich zubereitet und gegessen werden, ohne dass der Gastgeber stundenlang allein in der Küche werkelt. Darüber hinaus ermöglicht es, dass auch Menschen, die kulinarisch absolut verschieden sind, dennoch gemeinsam „kochen“ und essen können. Denn ganz egal, ob Fischliebhaber, Steak-Lover, Vegetarier oder Veganer – beim Raclette ist alles möglich.

Checkliste
für einen gelungenen Raclette-Abend

Damit Ihr ganz persönliches Raclette-Essen auch ein Erfolg wird, gibt es einige Dinge, die Sie bereits im Voraus unbedingt beachten sollten.

Checken Sie den Raclette-Grill

Das Wichtigste zuerst: Der Raclette-Grill. Ohne ihn geht es nicht. Daher ist es ratsam, den Raclette-Grill vorab zu testen, ob er einwandfrei funktioniert und ob ausreichend Pfännchen und Holzspatel zur Verfügung stehen. Hierbei sollte beachtet werden, dass jede Person mindestens ein Pfännchen nutzen kann. Insbesondere bei einer höheren Personenanzahl kann es sinnvoll sein, zusätzlich einen zweiten Raclette-Grill zu benutzen, um lange Wartezeiten aufgrund von Platzmangel zu verhindern.

Verlängerungskabel bereitlegen

Seien Sie sich sicher, das Kabel vom Raclette-Grill reicht nie, wirklich niemals bis zur nächsten Steckdose. Damit keine große Suchaktion gestartet werden muss, während die Gäste bereits mit knurrendem Magen am Tisch sitzen, ist es ratsam, schon vorher ein geeignetes Verlängerungskabel bereitzulegen.

Einkaufsliste schreiben

Raclette-Essen steht für Vielfalt, Individualität und Flexibilität. Damit dies auch wirklich der Fall ist, muss auch bei den Zutaten alles gut geplant sein. Denn auch, wenn die Pfännchen klein sind, ist die Auswahl an Zutaten häufig recht groß und der Einkaufszettel oftmals sehr lang. Damit Sie keine Zutaten vergessen und auch alles in ausreichender Menge im Haus haben, ist es daher ratsam, einen klaren Einkaufszettel zu schreiben. So steht der kulinarischen Freiheit beim Raclette nichts mehr im Weg.

Zeit einplanen für die Vorarbeit

Raclette hat zwar den Vorteil, dass der Zubereitungspart in gemeinschaftlicher Runde erledigt wird und somit für den Gastgeber nicht sonderlich zeitaufwendig ist, der Vorbereitungspart kann jedoch je nach Speisenauswahl recht zeitintensiv sein und sollte daher vom Gastgeber nicht unterschätzt werden. Es ist also sinnvoll, im Voraus ausreichend Zeit einzuplanen, um Käse, Obst, Gemüse, Fisch und Fleisch zu schneiden oder auch vorzugaren. Eine gut geplante Vorbereitung sorgt im Nachhinein für einen reibungslosen Ablauf und ermöglicht dem Gastgeber eine entspannte Zeit mit seinen Gästen.

Welche Mengen pro Person?

Damit am Raclette-Abend auch niemand hungrig nach Hause gehen muss, macht es Sinn, vorab zu kalkulieren, welche Zutatenmengen Sie für das von Ihnen geplante Gericht brauchen. Die Rezepte, die Sie in diesem Buch finden, sind alle bereits für eine gewisse Personenzahl berechnet und können bei Bedarf einfach verdoppelt oder reduziert werden. Falls Sie sich jedoch einmal kreativ an Ihrem Raclette-Grill ausleben möchten, ist es wichtig, die Menge, die Sie pro Person benötigen, grob abschätzen zu können. Hierfür folgen nun einige Richtwerte:

- Salat: ca. 50 bis 75 g pro Person
- Brot: ca. 60 bis 80 g pro Person
- Käse: ca. 200 bis 250 g bzw. 4 bis 6 Scheiben pro Person
- Fisch und Meeresfrüchte: ca. 125 bis 175 g
- Fleisch und Wurst: ca. 125 bis 175 g pro Person
- Kartoffeln: ca. 125 bis 150 g pro Person
- Gemüse: ca. 175 bis 200 g pro Person (bei Vegetariern und Veganern tendenziell etwas mehr einkalkulieren und dafür den Fleisch- bzw. Fischanteil verringern)

Die richtigen Zutaten für Raclette

Wie bereits erwähnt, ist die Zutatenliste trotz der kleinen Pfännchen oftmals recht lang. Bei den Rezepten in diesem Buch sind die Zutaten schon vorgegeben und lassen sich somit leicht auswählen. Falls Sie jedoch einen Raclette-Abend ganz ohne Rezept oder mit Eigenkreationen planen, finden Sie hier einige Tipps für die Wahl geeigneter Zutaten.

DER RICHTIGE KÄSE FÜR RACLETTE

Das Allerwichtigste zuerst: der Käse. In fast keinem Raclette-Rezept kommt er nicht vor und in fast jedem Pfännchen findet er seinen Platz. Käse ist für das Raclette von essentieller Bedeutung. Insbesondere der namensgebende Raclettekäse zum Überbacken der Pfännchen darf daher auf keinen Fall fehlen. Raclettekäse weist einen Fettanteil von mindestens 50 % i.Tr. auf und schmilzt daher besonders gut unter dem Raclette-Grill. Vom Geschmack her ist der Schweizer Raclettekäse recht mild mit einer angenehmen Würze. Der Raclettekäse sollte daher in guter Qualität und ausreichender Menge zur Verfügung stehen. Neben dem klassischen Raclettekäse können jedoch auch andere Käsesorten der ideale Begleiter für Ihr Gericht sein. Bei der Auswahl ist besonders darauf zu achten, dass der Käse gut schmilzt. Beliebte und geeignete Käsesorten sind:

- **Butterkäse:** Dieser Käse ist besonders mild und daher gut geeignet für die Kombination mit Zutaten, die selbst einen starken Eigengeschmack besitzen. Butterkäse schmilzt schön, hält sich aromatisch, jedoch im Hintergrund und ist daher perfekt zum Überbacken von Obst, Meeresfrüchten oder Fisch geeignet.

- **Camembert:** Der französische Käse ist sehr cremig und dennoch aromatisch, sehr intensiv und würzig. Bei Hitze schmilzt Camembert sehr schön und entfaltet besonders in Verbindung mit Birnen, Preiselbeeren, Cranberrys oder Nüssen sein volles Aroma.

- **Cheddar:** Dieser Käse findet nicht nur aufgrund seines leicht pikanten und würzigen Geschmacks seinen Platz im Pfännchen, sondern besticht zusätzlich noch durch seine orange-gelbe Farbe, die im geschmolzenen Zustand einen besonderen Hingucker darstellt.

- **Feta-Käse:** Im Gegensatz zu den bisherigen Vorschlägen besteht dieser Käse nicht aus Kuhmilch, sondern wird klassischerweise aus Milch vom Schaf hergestellt. Feta weist einen leicht salzigen und würzigen Geschmack auf und schmeckt insbesondere in Ergänzung mit Kräutern wie Thymian, Rosmarin und Oregano besonders lecker und intensiv. Feta kann beliebig zu Gemüse, Fisch und Fleisch kombiniert werden. Anmerkung: Feta-Käse schmilzt nicht, sondern wird lediglich mit im Pfännchen erhitzt.

- **Gorgonzola:** Gorgonzola ist ein Blauschimmelkäse mit einer sehr intensiven und würzigen Note. Er schmilzt bei Hitze sehr leicht und verträgt sich besonders gut mit Zutaten, die keinen zu dominanten Eigengeschmack haben. Entscheidet man sich dazu, sein Pfännchen mit Gorgonzola zu überbacken, ist es zudem ratsam, erst nach dem Probieren zu würzen, um das Gericht nicht zu überwürzen.

- **Gouda:** Bei Gouda muss man grundsätzlich nach dem Reifegrad unterscheiden. Während junger Gouda sehr milde Aromen aufweist, hat mittelalter und alter Gouda ein weitaus intensiveres Aroma. Hier kann man frei nach persönlichen Vorlieben zwischen den Reifegraden wählen, da sie nicht nur geschmacklich mit nahezu allen Zutaten harmonieren, sondern auch perfekt schmelzen.

- **Mozzarella:** Mozzarella ist ein italienischer Käse und gehört zu der Gattung der Frischkäse. Mozzarella kann aus Kuhmilch hergestellt werden, dann ist er im Geschmack eher mild oder aber aus Büffelmilch, welcher eine weitaus intensivere Note aufweist. Beide Sorten schmelzen unter Hitzezufuhr ideal und sind somit perfekt geeignet für Ihr Raclette-Pfännchen.

DAS RICHTIGE FLEISCH FÜR RACLETTE

Um das Fleisch auf der Grillplatte oder im Pfännchen garen zu können, sollte man darauf achten, Fleisch zu wählen, das eine möglichst geringe Garzeit aufweist. Dies verhindert unnötig lange Wartezeiten und ermöglicht höchsten Raclette-Genuss bei geringem Zeiteinsatz.

Ideale Fleischstücke sind unter anderem Minutensteaks vom Schwein, Rinderfilet oder auch Hähnchengeschnetzeltes. Wichtig sind dabei sowohl Dicke als auch Größe. Als Faustregel gilt: nicht dicker als 1 cm und für eine Zubereitung im Pfännchen nicht länger als 3 bis 4 cm. Darüber hinaus können Salami, Chorizo, Kochschinken oder Bacon eine würzige Ergänzung darstellen. Ob man das ausgewählte Fleisch anschließend auf der Grillplatte oder im Pfännchen zubereitet, ist nur eine Frage des Geschmacks bzw. der Größe. Soll die Fleischkomponente jedoch für sich stehen und nicht überbacken werden, ist es einfacher, dies auf der Grillplatte zu grillen, um währenddessen den Platz im Pfännchen für Beilagen oder Ähnliches nutzen zu können.

Entscheidet man sich für Fleisch, das mehr Zeit oder Raum zum Garen benötigt, wie zum Beispiel Hackfleisch, ist es sinnvoll, dies bereits vor dem Raclette-Abend separat in einer Pfanne vorzugaren. Dies hat zur Folge, dass das Fleisch später im Raclette-Grill lediglich erhitzt werden muss und spart somit lästige Wartezeiten.

DER RICHTIGE FISCH UND DIE RICHTIGEN MEERESFRÜCHTE FÜR RACLETTE

Möchte man Fisch und Meeresfrüchte mit dem Raclette-Grill zubereiten, gibt es von der Auswahl her kaum Einschränkungen, da nahezu jede Fischsorte gegrillt werden kann. Dennoch sollte man auf die richtige Zubereitung bzw. den richtigen Zubereitungsort achten, um ein möglichst perfektes Ergebnis zu erzielen. Möchten Sie zum Beispiel Kabeljau verwenden, sollten Sie diesen im Pfännchen garen, da er sich eher schlecht wenden lässt. Nutzen Sie jedoch Fisch mit einem festeren Fleisch, wie beispielsweise Lachs oder Thunfischfilet. Diesen können Sie auch auf der Grillplatte zubereiten. Meeresfrüchte können Sie in der Regel sowohl im Pfännchen als auch auf der Grillplatte grillen, während Sie bestimmte Muschelsorten, wie Miesmuscheln, vorab kochen sollten und erst danach grillen können.

Allgemein ist wieder darauf zu achten, dass der Fisch relativ dünn geschnitten und angemessen zerkleinert wird, um ein gleichmäßiges Garergebnis zu erzielen.

Abschließend ist an dieser Stelle noch zu erwähnen, dass Sie beim Fischkauf möglichst regional und nachhaltig agieren sollten. Achten Sie auf nachhaltige Fischfangmethoden und kaufen Sie, wenn möglich, frischen Fisch vom Markt oder direkt aus dem Hafen. Somit haben Sie nicht nur gute Qualität in der Küche, sondern tun auch etwas Gutes für Ihre Umwelt.

DAS RICHTIGE GEMÜSE FÜR RACLETTE

Bei der Wahl des Gemüses haben Sie absolut freie Hand. Ob allgemeine Klassiker wie Paprikas, Champignons, Tomaten und Zucchini oder Saisongemüse wie Spargel und Kohl ist alles erlaubt. Achten Sie darauf, besonders hartes Gemüse oder Gemüsesorten mit einer vergleichsweisen langen Garzeit bereits vor dem Raclette vorzugaren, um die Grillzeit auf dem Raclette-Grill zu verkürzen. Darüber hinaus sollten Sie das Gemüse, ähnlich wie bei Fisch und Fleisch, möglichst dünn und klein schneiden, um ein gleichmäßiges Grillergebnis zu erzielen. Ob Sie das vorbereitete Gemüse anschließend im Pfännchen oder auf der Grillplatte zubereiten, ist erneut Geschmackssache. Doch auch beim Gemüse, macht es Sinn, größere Gemüsestücke, wie beispielsweise Zucchini-, Auberginen- oder Tomatenscheiben auf der Grillplatte mit etwas Öl zu grillen und kleinere Gemüsesorten, wie zum Beispiel Bohnen oder Mais im Pfännchen zu garen.

Allgemein lässt sich noch sagen, dass bei der Gemüsewahl eine gute Qualität unter Beachtung von regionalen und saisonalen Angeboten stets erstrebenswert ist. Hochwertigkeit und Nachhaltigkeit sollten immer oberste Priorität haben, um einen erstklassigen Geschmack ermöglichen zu können.

DIE RICHTIGEN KARTOFFELN FÜR RACLETTE

Kartoffeln sind nicht mehr nur reine Beilagen, sondern haben inzwischen häufig einen festen Bestandteil in einer Vielzahl von Raclette-Rezepten. Um ein ideales Grillergebnis zu bekommen, sollten Sie darauf achten, dass die Kartoffeln „festkochend" oder „vorwiegend festkochend" sind. Geeignete Sorten sind beispielsweise „Annabelle", „Laura" oder „Linda". Darüber hinaus eignen sich auch „Drillinge", welche zudem den Vorteil haben, dass man sie hervorragend mit Schale verzehren kann.

Egal, für welche Kartoffelsorte Sie sich entscheiden, ein vorheriges Kochen ist stets ratsam. Am einfachsten ist es, die Kartoffeln als Pellkartoffeln zuzubereiten. Hierfür werden die Kartoffeln gewaschen und anschließend mit Schale gekocht. Danach kann man die Kartoffeln ausdampfen lassen, die Schale abpellen und die Kartoffeln nach Belieben in Scheiben oder Würfel zerteilen und im Raclette weiterverarbeiten.

Ob Sie die vorgegarten Kartoffeln auf der Grillplatte oder im Pfännchen zubereiten, ist Ihnen überlassen. Die Grillplatte eignet sich beispielsweise für das Grillen von einzelnen Scheiben, während Kartoffelwürfel im Pfännchen gratiniert werden können.

DAS RICHTIGE OBST FÜR RACLETTE

Insbesondere in Kombinationen mit herzhaften Komponenten stellt eine fruchtig-süße Note häufig das gewisse Etwas dar. Doch auch bei süßen Pfännchen als Snack oder Dessert finden allerlei Obstsorten ihren Platz. Besondere Lieblinge sind Ananas, Apfel, Birne oder auch Zwetschgen und Pflaumen. Achten Sie bei der Wahl der Früchte darauf, dass das Obst nicht zu trocken ist und waschen und zerkleinern Sie es vor der Zubereitung gründlich. So kommt auch das fruchtig-süße Aroma beim Raclette nicht zu kurz.

Die kleinen Extras

Sobald Sie sich für ein Rezept oder verschiedene Hauptkomponenten entschieden haben, steht das kulinarische Grundgerüst fest. Damit Ihr persönliches Raclette-Erlebnis rundum perfekt wird, gibt es jedoch noch einige kleine Extra-Aspekte, die Sie planen können.

SOSSEN ZUM ABRUNDEN

Jedes Gericht wird abgerundet durch eine leckere Soße, einen frischen Dip oder cremigen Aufstrich. Nahezu alles ist erlaubt und eine Auswahl verschiedener Soßen ist stets eine Bereicherung für den Raclette-Tisch. Hierbei können Sie natürlich verschiedene Soßen und Dips kaufen oder aber selbst zubereiten. Im folgenden Verlauf finden Sie verschiedene Rezepte für Soßen, Dips und Aufstriche mit ihren jeweiligen Einsatzmöglichkeiten.

BEILAGEN ZUM ERGÄNZEN

Auch wenn der Fokus auf Grillplatte und Pfännchen liegt, muss nicht zwangsläufig alles vom Raclette-Grill kommen. Insbesondere Beilagen können separat zum eigentlichen Raclette-Menü serviert werden. Klassiker wie Salat, Reis, Kartoffeln oder Brot können darüber hinaus ideal vorbereitet und beim Raclette-Abend einfach mit auf den Tisch gestellt werden. So kann jeder Gast selbst entscheiden, ob er die Beilagen so genießen möchte oder nach Belieben in seine Pfännchen-Kreationen einbauen will. Unsere Top 5 der Beilagen finden Sie unter anderem im Rezeptteil dieses Buches.

GEWÜRZE ZUM VERFEINERN

Mit den richtigen Gewürzen verfeinern Sie nahezu jedes Gericht und somit auch jedes Pfännchen. Achten Sie dabei darauf, dass der Platz im Pfännchen begrenzt ist und die Menge der benötigten Gewürze um ein Vielfaches geringer ist, als Sie es vielleicht vom Kochen mit normal großen Pfannen und Töpfen gewohnt sind. Würzen Sie also getreu dem Motto: Weniger ist mehr und tasten Sie sich prisenweise an Ihren präferierten Geschmack heran. Auch bei süßen Pfännchen die Gewürze nicht vergessen: Vanille, Zimt, Tonkabohne und Co eröffnen ganz neue Geschmacksnuancen.

DAS RICHTIGE FETT FÜRS RACLETTE

Ein Raclette-Grill wird in der Regel sehr heiß. Achten Sie bei der Wahl von Fetten also darauf, dass sie diese hohen Temperaturen vertragen, ohne dabei zu verbrennen. Gut geeignete Öle sind beispielsweise Sonnenblumen-, Oliven- oder Rapsöl. Auf die Verwendung von Butter, Schmalz und Co. sollte man hingegen lieber verzichten. Da sowohl die Raclette-Pfännchen als auch die Grillplatte im Normalfall beschichtete Oberflächen haben, benötigen Sie nur eine kleine Menge Öl. Am einfachsten ist es, die Oberfläche mit Öl einzupinseln oder zu besprühen, um einen möglichst dünnen Fettfilm zu erzeugen.

CHEERS – DIE RICHTIGE GETRÄNKEAUSWAHL

Zu einem guten Essen gehört auch ein guter Wein. Doch natürlich sollten Sie bei der Getränkewahl individuell auf die Wünsche Ihrer Gäste eingehen. Ideal sind jedoch Getränke, die nicht schwer im Magen liegen und keine zu starken Aromen aufweisen. Die Getränke sollen schließlich das Raclette-Essen begleiten und nicht dominieren. Falls dennoch der Wunsch nach Wein aufkommt, bieten sich insbesondere leichte Weißweine wie Riesling, Silvaner oder Grauburgunder oder ein fruchtiger und lieblicher Rotwein wie ein Pinot Noir an.

Raclette-Tipps für Vegetarier und Veganer

Raclette bietet, wie bereits gesagt, für jeden Gast genau das Richtige. Ohne Einschränkungen, ohne Verzicht. Pure kulinarische Freiheit und das auch für Menschen, die sich vegetarisch oder vegan ernähren, ist jedoch nur dann gegeben, wenn Sie die richtigen Vorbereitungen treffen. Denn auch, wenn oftmals gedacht wird, dass Vegetarier und Veganer lediglich das Fleisch bzw. den Fisch aus ihren Pfännchen weglassen müssen, ist dies häufig ein Trugschluss. Denn im typischen Raclettekäse ist tierisches Lab enthalten, ein Enzym, das aus dem Magen von toten Kälbern extrahiert wird. Daher ist dieser Käse sowohl für Veganer als auch Vegetarier nicht geeignet und bedarf einer Alternative. Informieren Sie sich also idealerweise im Voraus über die Vorlieben Ihrer Gäste und kaufen Sie geeignete Alternativ-Zutaten.

VEGETARISCHE KÄSE-ALTERNATIVEN

Wie bereits erwähnt, enthalten die meisten Sorten Raclettekäse Lab. Hierbei ist jedoch häufig nicht zu erkennen, ob es sich um tierisches oder mikrobielles Lab handelt. Eine „sichere" Alternative zum Raclettekäse sind dahingegen Käsesorten wie Butterkäse, Gorgonzola oder Gouda. Diese Sorten enthalten keine tierischen Bestandteile und schmelzen nahezu genauso schön wie klassischer Raclettekäse.

Eine weitere Möglichkeit kann auch die Verwendung von Crème fraîche oder Sauce Hollandaise sein. Diese Alternativen funktionieren zwar nicht zum Gratinieren, ermöglichen jedoch ein ähnlich cremiges Mundgefühl wie geschmolzener Raclettekäse.

VEGANE KÄSE-ALTERNATIVEN

Schwieriger wird es bei einem veganen Käse-Ersatz, da bei der veganen Ernährungsform Milchprodukte mit tierischem Ursprung komplett vermieden werden. Dennoch besteht inzwischen die Möglichkeit in einigen Supermärkten veganen Raclette- oder Schmelzkäse zu kaufen. Bei der Verwendung von veganem Käse sei jedoch gesagt, dass dieser häufig nicht ganz so schnell und schön schmilzt wie Käse aus Kuhmilch. Auch der Bräunungsgrad weicht von gratiniertem Kuhmilch-Käse ab, sodass veganer Käse beim Schmelzen nicht so goldbraun wird.

Eine weitere Möglichkeit kann auch die Verwendung von Cashewmus sein. Diese Alternative eignet sich zwar nicht zum Überbacken, erzeugt jedoch ebenfalls ein ähnlich cremiges Mundgefühl wie geschmolzener Raclettekäse.

ES MUSS NICHT IMMER FLEISCH SEIN

Im Laufe der Zeit haben sich sowohl die vegetarische als auch die vegane Ernährungsform steigender Beliebtheit erfreut. Und auch für nicht-Veganer muss es inzwischen nicht immer Steak und Wurst sein. Dieser Trend findet sich auch im Raclette wieder: Rein pflanzliche Pfännchen mit viel frischem Gemüse oder auch Obst stellen ein ebenso grandioses Geschmackserlebnis dar wie Rezepte mit Fleisch und Fisch.

Im Rezeptteil dieses Buches finden Sie daher eine Vielzahl vegetarischer und veganer Pfännchen, die auch ganz ohne Fleisch- oder Fischkomponenten auskommen.

Sie möchten ein Rezept probieren, in dem jedoch Fleisch verarbeitet wird? Dann ersetzen Sie dieses einfach durch geeignete Alternativen. Geräucherter Tofu oder marinierter Seitan schmecken als pflanzliche Komponente hervorragend. Darüber hinaus gibt es in den meisten Supermärkten eine große Auswahl verschiedenster, fleischloser Ersatzprodukte, wie zum Beispiel vegane Salami, vegetarisches Steak oder Hähnchengeschnetzeltes.

VEGANE SOßEN UND DIPS

Auch bei Soßen und Dips sollten Sie genau auf die Zutatenliste achten. Milch, Sahne, Frischkäse und Co sind nicht geeignet, um vegane Soßen und Dips zuzubereiten. Doch kein Grund zur Sorge, auch hierfür finden Sie in den meisten Supermärkten vegane Alternativprodukte.

Kleiner Tipp: Dips wie Hummus oder Guacamole sind von sich aus vegan.

Pfännchen mit Fleisch

RÄUCHERSCHINKEN-PFÄNNCHEN

4 Port. 15 Min. Leicht

Zutaten

20 g Walnusskerne
300 g Birnen
250 g Camembert
120 g Schwarzwälder Schinken
1 bis 2 Stiele Petersilie

Nährwerte p. P.

220 kcal
6 g Kohlenhydrate
15 g Fett
15 g Eiweiß

1 Zunächst die Birne waschen, die Kerne samt Gehäuse heraustrennen und in schmale Spalten zerteilen. Anschließend die Nüsse hacken und den Camembert in Scheiben aufschneiden. Zum Schluss noch die Petersilie abspülen, trocken schütteln und zerkleinern.

2 Als Nächstes die Birnenscheiben in die Pfannen legen und im Anschluss mit einer Scheibe Schinken sowie einer Scheibe Camembert toppen. Die Pfännchen für ca. 4 bis 5 Minuten im Raclette-Grill gratinieren, sodass der Käse leicht geschmolzen ist.

3 Das fertige Pfännchen aus dem Raclette-Grill nehmen, mithilfe eines Holzspatels leeren und mit etwas Petersilie bestreuen. Das Räucherschinken-Pfännchen noch heiß genießen.

SPANISCHES PFÄNNCHEN

2 Port. 20 Min. Leicht

Zutaten

150 g Pellkartoffeln
80 g Chorizo Wurst
30 g gegrillte Paprika (aus dem Glas)
80 g geriebener Manchego
½ Knoblauchzehe
½ Frühlingszwiebel
1 Msp. Chiliflocken

Nährwerte p. P.

436 kcal
16 g Kohlenhydrate
31 g Fett
23 g Eiweiß

1 Zunächst die Pellkartoffeln und die Chorizo in Scheiben schneiden sowie die gegrillte Paprika in mundgerechte Stücke zerteilen. Anschließend den Knoblauch schälen und sehr fein hacken sowie die Frühlingszwiebel putzen, die Enden abtrennen und in Ringe aufschneiden. Alle Zutaten gleichmäßig in die Pfännchen verteilen und abschließend mit einigen Chiliflocken bestreuen.

2 Die fertigen Pfännchen mit dem geriebenen Käse toppen und für ca. 5 bis 8 Minuten im Raclette-Grill backen. Das fertige spanische Pfännchen aus dem Raclette-Grill nehmen, mithilfe eines Holzspatels leeren und noch heiß genießen.

HERZHAFTE ZWIEBEL-PFÄNNCHEN

4 Port. 35 Min. Leicht

Zutaten

400 g Zwiebeln
200 g magerer Räucherspeck
350 g Raclettekäse (oder Emmentaler)
100 g saure Sahne
2 EL Butterschmalz
½ TL Kümmelsamen
Salz, Pfeffer

Nährwerte p. P.

645 kcal
6 g Kohlenhydrate
53 g Fett
36 g Eiweiß

1 Zunächst das Butterschmalz in einen Topf geben und erhitzen. Währenddessen die Zwiebeln schälen, hacken und anschließend für ca. 15 Minuten in dem heißen Fett weich dünsten. Nach Ablauf der Garzeit die Zwiebeln mit Kümmel, Salz und Pfeffer bestreuen.

2 Als Nächstes den Speck klein würfeln und dabei die Speckschwarte abschneiden. Anschließend den Käse mithilfe einer Reibe raspeln. Nun die abgekühlten Zwiebeln in eine Schüssel geben, mit der sauren Sahne aufgießen und den Speck sowie den Käse hinzufügen. Alles gründlich miteinander vermengen.

3 Die fertige Masse nun in die Pfännchen verteilen und anschließend für ca. 6 bis 9 Minuten im Raclette-Grill backen.

4 Das Herzhafte Zwiebel-Pfännchen aus dem Raclette-Grill nehmen, mithilfe eines Holzspatels leeren und sofort genießen.

HÄHNCHENBRUST MIT BÜFFELMOZZARELLA

 4 Port.

 30 Min.

 Leicht

Zutaten

15 g Pinienkerne
2 Hähnchenbrustfilets
1 Knoblauchzehe
½ Zitrone
1 Kugel Büffelmozzarella
1 EL Öl
2 TL Chiliflocken, getrocknet
Salz, Pfeffer

Nährwerte p. P.

266 kcal
2 g Kohlenhydrate
14 g Fett
33 g Eiweiß

1 Zunächst den Knoblauch schälen und fein hacken. Anschließend das Hähnchenfleisch unter fließendem Wasser abspülen und mit einem Küchenpapier trocken tupfen. Nun die Zitrone mit heißem Wasser abwaschen, trockenreiben und die Schale mithilfe einer Reibe fein raspeln. Anschließend die Zitrone auspressen und den Saft dabei auffangen.

2 Den Knoblauch in eine Schüssel geben, ein Esslöffel Zitronenabrieb hinzufügen und beides gründlich verrühren. Im Anschluss unter der Haut der Hähnchenbrust verteilen und zusätzlich von außen mit Salz und Pfeffer einreiben.

3 Als Nächstes die Pinienkerne in eine Pfanne füllen und ohne Zugabe von Fett bei mäßiger Hitzezufuhr goldbraun anrösten. Die Pinienkerne aus der Pfanne nehmen und dafür das Öl hineingießen. Das Öl erhitzen und dann die Hähnchenbrust bei mäßiger Hitze für je 5 bis 7 Minuten pro Seite garen. Zum Abschluss mit dem Zitronensaft beträufeln, aus der Pfanne nehmen, etwas abkühlen lassen und in 1 cm dicke Scheiben aufschneiden. Danach den Mozzarella abgießen und ebenfalls in Scheiben schneiden.

4 Nun jeweils eine Scheibe Hähnchenbrust in ein Raclette-Pfännchen legen, mit dem Mozzarella belegen sowie mit Chili, Salz und Pfeffer bestreuen. Das Pfännchen in den Raclette-Grill schieben und für ca. 6 bis 10 Minuten backen.

5 Das fertige Pfännchen aus dem Raclette-Grill nehmen, mithilfe eines Holzspatels leeren und mit den Pinienkernen toppen. Noch heiß genießen.

SCHWEINE-PILZ-PFÄNNCHEN

4 Port. 40 Min. Leicht

Zutaten

225 g Schweinefilet
90 g Champignons
125 g Brie
1 Schalotte
50 ml Sahne
2 EL Olivenöl
1 TL Pfefferkörner, grün
Salz, Pfeffer

Nährwerte p. P.

213 kcal
2 g Kohlenhydrate
16 g Fett
16 g Eiweiß

1 Zunächst ein Esslöffel Öl in eine Pfanne geben, heiß werden lassen und das Schweinefilet bei mäßiger Hitze für je 6 bis 7 Minuten pro Seite braten. Anschließend das Fleisch in Alufolie einschlagen, für weitere 3 bis 5 Minuten ruhen lassen und erst danach in Scheiben aufschneiden.

2 In der Zwischenzeit die Schalotte schälen und der Länge nach halbieren sowie die Pilze putzen und in Scheiben schneiden. Nun das restliche Öl in die bereits verwendete Pfanne füllen, erneut erhitzen und die Schalotten zusammen mit den Champignons bei starker Hitze für 2 bis 3 Minuten anbraten. Den grünen Pfeffer hinzufügen und dann mit der Sahne aufgießen. Unter Rühren aufkochen lassen und anschließend bei schwacher Hitze einreduzieren. Währenddessen mit Salz und Pfeffer abschmecken.

3 Als Nächstes in jedes Pfännchen eine Scheibe Schweinefilet legen, mit etwas Pilz-Zwiebel-Soße befüllen und mit einer Scheibe Brie belegen. Das Pfännchen in den Raclette-Grill schieben und 5 bis 10 Minuten backen.

4 Das fertige Pfännchen aus dem Raclette-Grill nehmen, mithilfe eines Holzspatels leeren und heiß genießen.

HAWAIIPFÄNNCHEN MIT LIMETTEN-JOGHURT-DIP

4 Port. 20 Min. Leicht

Zutaten

200 g Gouda (in Scheiben)
300 g Naturjoghurt (3,5 % Fett)
120 g Koch-Hinterschinken
500 g Hähnchen
1 Dose Ananas (in Stücken)
2 Knoblauchzehen
2 Zwiebeln
1 Bund Schnittlauch
2 Limetten
50 ml Milch (3,5 % Fett)
1 TL Curry
2 TL Olivenöl
Zucker
Salz, Pfeffer

Nährwerte p. P.

518 kcal
25 g Kohlenhydrate
23 g Fett
53 g Eiweiß

1 Zunächst die Zwiebeln und den Knoblauch schälen, beides sehr fein hacken und in eine Schüssel füllen. Mit dem Öl aufgießen und dem Currypulver vermischen. Im Anschluss das Hähnchenfleisch unter fließendem Wasser abspülen, mit einem Küchenpapier trocken tupfen und in mundgerechte Stücke zerkleinern. Das Hähnchen in die Schüssel zur Marinade geben, ausgiebig vermengen und kurz ziehen lassen.

2 In der Zwischenzeit den Dip zubereiten. Hierfür den Joghurt in eine Schale füllen, mit der Milch aufgießen und glattrühren. Danach die Limetten mit heißem Wasser abspülen, trockenreiben und mithilfe einer Reibe fein raspeln. Die Limetten halbieren und den Saft auspressen. Sowohl den Saft als auch den Abrieb zu dem Joghurt geben, einrühren und abschließend mit Zucker, Salz und Pfeffer abschmecken. Zum Abschluss den Schnittlauch waschen, trocken tupfen, in feine Röllchen schneiden und in den Joghurt einrühren. Anschließend die Ananas in ein Sieb abkippen und abtropfen lassen sowie den Schinken in feine Streifen schneiden.

3 Nun das marinierte Hähnchen in die Pfännchen verteilen, mit dem Schinken und der Ananas toppen und mit dem Gouda belegen. Die Pfännchen in den Raclette-Grill schieben und für 5 bis 8 Minuten backen.

4 Die fertigen Pfännchen aus dem Raclette-Grill nehmen, mithilfe eines Holzspatels leeren und zusammen mit dem Limetten-Joghurt-Dip genießen.

HÄHNCHEN-MANGO-PFÄNNCHEN

4 Port. 30 Min. Leicht

Zutaten

200 g Hähnchenbrustfilet
200 g Schafskäse
1 Mango
1 TL Rapsöl
2 TL Estragon
Salz, Pfeffer

Nährwerte p. P.

220 kcal
8 g Kohlenhydrate
12 g Fett
20 g Eiweiß

1 Zunächst die Mango waschen, schälen und das Fruchtfleisch vom Kern schneiden. Anschließend in schmale Streifen schneiden. Danach das Fleisch unter fließendem Wasser abspülen, mit einem Küchenpapier trocken tupfen und ebenfalls in dünne Scheiben aufschneiden. Zum Abschluss den Schafskäse zerkleinern.

2 Das Öl auf die Grillplatte (oder in eine separate Pfanne) geben, erhitzen und das Fleisch rundherum für 4 bis 6 Minuten anbraten. Währenddessen mit Salz und Pfeffer würzen. Das Fleisch anschließend in die Pfännchen verteilen und mit den Mangostreifen sowie dem Schafskäse toppen. Die Pfännchen in den Raclette-Grill schieben und für 5 bis 7 Minuten backen.

3 Die fertigen Pfännchen aus dem Raclette-Grill nehmen, mithilfe eines Holzspatels leeren und mit dem Estragon bestreuen. Die Hähnchen-Mango-Pfännchen direkt genießen.

ÜBERBACKENES HÄHNCHEN IN SAHNESOẞE

4 Port.

20 Min.

Leicht

Zutaten

200 g Hähnchenbrust
100 g grüne und gelbe Zucchini
100 g Paprika
100 g Champignons
200 g Sahne
1 Ei
4 Scheiben Raclettekäse
Etwas Butterschmalz
Salz, Pfeffer

Nährwerte p. P.

313 kcal
5 g Kohlenhydrate
24 g Fett
20 g Eiweiß

1 Zunächst die Hähnchenbrust unter fließendem Wasser abspülen, mit einem Küchenpapier trocken tupfen und in mundgerechte Würfel schneiden. Im Anschluss die Zucchini waschen, die Enden abtrennen und klein würfeln. Danach die Paprika waschen, das Kerngehäuse entfernen und in kleine Stücke schneiden. Zum Schluss noch die Pilze putzen und grob hacken.

2 Als Nächstes die Sahne in ein hohes Gefäß gießen, das Ei dazugeben und mit Salz und Pfeffer würzen. Alles gründlich verrühren.

3 Nun etwas Butterschmalz auf die Grillplatte geben, erhitzen und das Hähnchenfleisch für etwa 5 bis 6 Minuten rundherum scharf anbraten. Im Anschluss das Hähnchen auf die Raclette-Pfännchen verteilen und mit den vorbereiteten Gemüsewürfeln toppen. Nun mit der Sahne aufgießen und mit einer Scheibe Käse bedecken. Die Pfännchen in den Raclette-Grill schieben und für 6 bis 8 Minuten backen.

4 Die fertigen Pfännchen aus dem Raclette-Grill nehmen, mithilfe eines Holzspatels leeren, mit etwas Pfeffer bestreuen und direkt genießen.

SCHNELLE RACLETTE-PFANNE

8 Port. 15 Min. Leicht

Zutaten

400 g Raclettekäse
250 g Pellkartoffeln
100 g Pfeffersalami
1 Dose Kidneybohnen
1 Dose Mais
1 Zwiebel
Öl

Nährwerte p. P.

285 kcal
9 g Kohlenhydrate
18 g Fett
19 g Eiweiß

1 Zunächst die Zwiebel schälen und fein hacken. Anschließend die Bohnen und den Mais in ein Sieb abkippen, unter fließendem Wasser durchspülen und abtropfen lassen. Nun die Salami zunächst in Scheiben und anschließend in Streifen schneiden. Zum Abschluss noch die Pellkartoffeln schälen und würfeln.

2 Als Nächstes die Raclette-Pfännchen mit etwas Öl auspinseln, die Zwiebeln hineinfüllen und anschließend die Kidneybohnen, den Mais und die Salami hinzufügen. Die Kartoffelwürfel dazugeben und mit dem Käse toppen. Die Pfännchen in den Raclette-Grill schieben und für 8 bis 9 Minuten backen.

3 Die fertigen Pfännchen aus dem Raclette-Grill nehmen, mithilfe eines Holzspatels leeren und noch heiß genießen.

RUSTIKALES PFÄNNCHEN

8 Port.

30 Min.

Leicht

Zutaten

600 g Le Rustique Raclette l'Originale
400 g Kartoffeln, vorwiegend festkochend
160 g frische Brechbohnen
3 Stücke Entenbrust
12 Wachteleier
8 Scheiben Kochschinken
Etwas Öl
Salz

Nährwerte p. P.

807 kcal
10 g Kohlenhydrate
61 g Fett
55 g Eiweiß

1 Zunächst die Kartoffeln waschen und in einen Topf füllen. Mit reichlich Wasser aufgießen, salzen und aufkochen lassen. Die Kartoffeln bei mäßiger Hitze für ca. 20 bis 25 Minuten kochen. Anschließend in ein Sieb abkippen, ausdampfen lassen, pellen und in Scheiben schneiden.

2 In der Zwischenzeit die Brechbohnen waschen, in einen zweiten Topf füllen und mit Wasser aufgießen. Leicht salzen und bei mäßiger Hitze für 10 bis 15 Minuten leise köcheln lassen. Nach Ende der Garzeit die Bohnen in ein Sieb abkippen und abtropfen lassen.

3 Als Nächstes einen weiteren Topf mit Wasser befüllen, aufkochen lassen und die Wachteleier darin für ca. 4 Minuten hart kochen. Nach Ablauf der Kochzeit mit kaltem Wasser abschrecken, schälen und hacken.

4 Nun die Entenbrust unter fließendem Wasser abspülen, mit einem Küchenpapier trocken tupfen und in schmale Scheiben schneiden. Danach etwas Öl in eine Pfanne füllen, heiß werden lassen und das Entenfleisch bei mäßiger Hitze für je 3 bis 4 Minuten pro Seite braten.

5 Nun je eine Entenbrustscheibe in ein Raclette-Pfännchen legen, mit einer Kartoffelscheibe sowie einer Schinkenscheibe toppen und etwas Ei hinzufügen. Zum Abschluss die Bohnen mit in das Pfännchen füllen, mit dem Käse belegen und dann in den Raclette-Grill schieben. Für etwa 7 bis 10 Minuten backen.

6 Die fertigen Rustikalen Pfännchen aus dem Raclette-Grill nehmen, mithilfe eines Holzspatels leeren und noch heiß genießen.

PUTENBRUST MIT WALNUSSKERNEN

6 Port. 25 Min. Leicht

Zutaten

600 g Putenbrustfilet
75 g Walnusskerne
120 g Cheddar-Käse
2 rote Chilischoten
2 Zweige Rosmarin
2 EL Öl
2 EL Honig
Salz

Nährwerte p. P.

280 kcal
13 g Kohlenhydrate
20 g Fett
12 g Eiweiß

1 Zunächst das Putenbrustfilet unter fließendem Wasser abspülen und mit einem Küchenpapier trocken tupfen. Im Anschluss leicht salzen. Nun das Öl auf die Grillplatte (oder wahlweise in eine separate Pfanne) füllen, erhitzen und das Fleisch darin rundherum für ca. 12 bis 13 Minuten anbraten.

2 In der Zwischenzeit die Walnüsse in eine Pfanne geben und ohne Zugabe von Fett bei mäßiger Hitzezufuhr goldbraun anrösten. Nach etwa 1 bis 2 Minuten den Honig über die Nüsse träufeln und unter Rühren karamellisieren.

3 Als Nächstes die Chilischoten abspülen, trocken tupfen und in Ringe zerteilen sowie den Rosmarin abspülen, trocken schütteln und die Rosmarinnadeln von den Stielen zupfen. Zum Schluss die gebratene Putenbrust sowie den Käse in Scheiben aufschneiden.

4 Nun die Putenbrustscheiben in die Pfännchen verteilen, mit einigen Walnüssen und Chiliringen toppen und mit einer Scheibe Käse belegen. Die Pfännchen in den Raclette-Grill schieben und für 5 bis 7 Minuten backen.

5 Die fertigen Pfännchen aus dem Raclette-Grill nehmen, mithilfe eines Holzspatels leeren, mit etwas Rosmarin bestreuen und direkt genießen.

RACLETTE-FRIKADELLEN

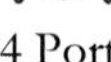

4 Port. 25 Min. Leicht

Zutaten

500 g Hackfleisch (vom Rind)
150 g Feta
100 g Naturjoghurt (aus Schafsmilch)
2 Frühlingszwiebeln
4 Knoblauchzehen
1 Ei
½ Bund Petersilie
½ Bund Minze
1 TL edelsüßes Paprikapulver
1 TL rosenscharfes Paprikapulver
2 TL gemahlener Koriander
Salz, Pfeffer

Nährwerte p. P.

450 kcal
6 g Kohlenhydrate
33 g Fett
33 g Eiweiß

1 Zunächst den Knoblauch schälen und sehr fein hacken sowie die Frühlingszwiebeln abspülen, die Enden abtrennen und klein schneiden. Anschließend die Kräuter abspülen, trocken schütteln und zerkleinern.

2 Als Nächstes das Hackfleisch in eine Schüssel geben und dann das Ei, den gehackten Knoblauch, die Kräuter und die Frühlingszwiebeln hinzufügen. Mit dem Koriander, dem Paprikapulver sowie Salz und Pfeffer vermischen. Nun die Zutaten zu einer knetbaren Masse vermengen. Aus der Masse nun kleine Bällchen formen (ca. 3 bis 4 cm Durchmesser) und diese leicht platt drücken. Nun den Joghurt in eine Schüssel füllen, den Feta dazu bröseln und einrühren.

3 Die Mini-Frikadellen nun in die Pfännchen verteilen, mit einem Klecks Käse-Joghurt toppen und in den Raclette-Grill schieben. Für etwa 7 bis 12 Minuten garen.

4 Die fertigen Pfännchen aus dem Raclette-Grill nehmen, mithilfe eines Holzspatels leeren und direkt genießen.

FENCHELSALAMI MIT CHAMPIGNONS

 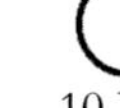 

2 Port. 10 Min. Leicht

Zutaten

4 Champignons
4 Cherrytomaten
2 Zweige Rosmarin
2 Scheiben Fenchelsalami
2 Scheiben Raclettekäse
2 Prisen Raclette-Gewürz

Nährwerte p. P.

201 kcal
4 g Kohlenhydrate
14 g Fett
15 g Eiweiß

1 Zunächst die Tomaten waschen und halbieren sowie die Champignons putzen und in Scheiben schneiden. Danach den Rosmarin waschen, trocken tupfen, die Nadeln von den Stielen zupfen und hacken. Zum Schluss noch die Salami würfeln.

2 Nun das vorbereitete Gemüse sowie die Salamiwürfel in die Pfännchen verteilen, mit Käse belegen und mit etwas Raclette-Gewürz bestreuen. Die Pfännchen in den Raclette-Grill schieben und für 4 bis 6 Minuten backen.

3 Die fertigen Pfännchen aus dem Raclette-Grill nehmen, mithilfe eines Holzspatels leeren und direkt genießen.

HACKBÄLLCHEN IN TOMATENSOßE

4 Port. 15 Min. Leicht

Zutaten

250 g Hackfleisch (vom Rind)
200 g gehackte Tomaten (aus der Dose)
½ Zwiebel
1 Knoblauchzehe
4 Scheiben Raclettekäse
2 EL getrocknete, italienische Kräuter
Etwas Öl
Salz, Pfeffer

Nährwerte p. P.

244 kcal
2 g Kohlenhydrate
17 g Fett
22 g Eiweiß

1 Zunächst den Knoblauch und die Zwiebel schälen und jeweils fein hacken. Anschließend in eine Schüssel füllen, das Hackfleisch dazugeben und mit Salz und Pfeffer würzen. Alles gründlich vermengen, sodass eine formbare Masse entsteht. Aus der Hackmasse anschließend 12 kleine Kugeln formen.

2 Etwas Öl auf die Grillplatte geben, heiß werden lassen und die Hackbällchen portionsweise scharf darin anbraten. Als Nächstes je 2 bis 3 Hackbällchen in ein Pfännchen legen, mit 1 bis 2 Esslöffel gehackten Tomaten toppen und mit einer Prise Kräutern bestreuen. Zum Abschluss mit einer Scheibe Käse toppen und das Pfännchen für 4 bis 5 Minuten in den Raclette-Grill schieben.

3 Die fertigen Pfännchen aus dem Raclette-Grill nehmen, mithilfe eines Holzspatels leeren und direkt genießen

MINI-LASAGNE

4 Port. 40 Min. Mittel

Zutaten

500 g Hackfleisch (gemischt)
500 g passierte Tomaten
25 g Butter
25 g Mehl
8 Stück Lasagneblätter
12 Scheiben Raclettekäse
250 ml Milch
1 EL Balsamico
¼ TL geriebene Muskatnuss
¼ TL gemahlener Kreuzkümmel
1 TL gemahlener Rosmarin
1 TL gemahlenes Basilikum
Öl
Salz, Pfeffer

Nährwerte p. P.

737 kcal
46 g Kohlenhydrate
41 g Fett
46 g Eiweiß

1 Zunächst die Béchamelsoße zubereiten. Hierfür die Butter in einen kleinen Topf geben und erhitzen. Anschließend das Mehl hinzugeben und mit einem Schneebesen einrühren. Nach etwa 30 Sekunden die Milch portionsweise dazugeben und kräftig umrühren. Sobald die Soße etwas andickt mit Muskatnuss, Kreuzkümmel und Salz abschmecken.

2 Als Nächstes das Öl in einen weiteren Topf füllen, erhitzen und das Hackfleisch bei mäßiger Hitze anbraten. Nach etwa 3 bis 4 Minuten mit den passierten Tomaten aufgießen und kurz aufkochen. Anschließend mit Basilikum, Rosmarin sowie Salz und Pfeffer würzen und bei schwacher Hitze für 5 bis 10 Minuten leise köcheln lassen. Nach Ablauf der Kochzeit den Balsamico dazugeben und unterrühren.

3 Danach einen dritten Topf mit Wasser befüllen, salzen und zum Kochen bringen. Nun die Lasagneblätter mittig durchbrechen und im kochenden Wasser für 7 bis 8 Minuten bissfest garen. Danach aus dem Topf nehmen und auf einen Teller legen.

4 Nun die Pfännchen befüllen. Hierfür zunächst einen Esslöffel der Hackfleischsoße in das Pfännchen geben und verteilen. Anschließend einen Teelöffel Béchamelsoße darauf geben und mit einem Lasagneblatt toppen. Diesen Vorgang noch einmal wiederholen. Zum Abschluss nochmals Hackfleischsoße und Béchamelsoße in das Pfännchen geben und mit einer Scheibe Raclettekäse belegen.

5 Die Pfännchen in den Raclette-Grill schieben und für ca. 10 Minuten backen. Die fertige Mini-Lasagne aus dem Raclette-Grill nehmen, mithilfe eines Holzspatels leeren und noch heiß genießen.

ÜBERBACKENES HACKFLEISCH MIT BURGERSOSSE

5 Port. 30 Min. Leicht

Zutaten

250 g Hackfleisch (gemischt)
100 g Ketchup
160 g Mayonnaise
100 g Raclettekäse
30 g Senf
1 Glas Gewürzgurken (in Scheiben)
2 Zwiebeln
10 Cocktailtomaten
Etwas Öl
Salz, Pfeffer

Nährwerte p. P.

372 kcal
8 g Kohlenhydrate
33 g Fett
10 g Eiweiß

1 Zunächst etwas Öl in eine Pfanne füllen, erhitzen und das Hackfleisch darin bei mäßiger Hitze anbraten. Zwischenzeitlich mit Salz und Pfeffer würzen. Anschließend die Tomaten waschen und halbieren sowie die Zwiebeln schälen und in Ringe schneiden. Zum Schluss noch den Käse fein würfeln.

2 Als Nächstes die Mayonnaise in eine Schüssel füllen, den Ketchup sowie den Senf hinzufügen und alles miteinander verrühren. Optional noch einen Teelöffel vom Gewürzgurken-Essig dazugeben.

3 Nun das Hackfleisch in die Pfännchen füllen, mit den Gurken und Tomaten belegen und mit einigen Zwiebelringen toppen. Zum Schluss einen Klecks Burgersoße darüber verteilen, mit ein paar Käsewürfeln bestreuen und dann in den Raclette-Grill schieben und für ca. 5 bis 8 Minuten backen.

4 Die fertigen Pfännchen aus dem Raclette-Grill nehmen, mithilfe eines Holzspatels leeren und direkt genießen.

MINI-PIZZA AUS DEM PFÄNNCHEN

5 Port. 25 Min. Leicht

Zutaten

250 g Mehl
100 g Tomatenmark
100 g geriebener Käse
2 Champignons
2 Tomaten
2 Scheiben Salami
1 Scheibe Schinken
125 ml Wasser + etwas Wasser für die Soße
2 EL Öl + etwas Öl für die Pfännchen
3 EL Olivenöl
1 EL Sahne
1 TL italienische Kräuter
1 Prise Zucker
Salz, Pfeffer

Nährwerte p. P.

458 kcal
40 g Kohlenhydrate
26 g Fett
15 g Eiweiß

1 Zunächst den Teig zubereiten. Hierfür das Mehl in eine Schüssel sieben, 2 Esslöffel Öl dazugeben und mit dem Wasser aufgießen. Anschließend eine Prise Salz hinzufügen und alles zu einem homogenen Teig verkneten. Aus dem Teig kleine Kugeln formen (ca. 3 bis 4 cm Durchmesser) und diese auf einen Teller bereitstellen.

2 Als Nächstes die Soße zubereiten. Dafür das Olivenöl in einen Topf füllen, heiß werden lassen und anschließend das Tomatenmark dazugeben. Mit etwas Wasser aufgießen, sodass eine leicht cremige Konsistenz entsteht. Im Anschluss die Sahne dazu gießen und die Kräuter einrühren. Die Soße bei mäßiger Hitze aufkochen, mit Zucker, Salz und Pfeffer abschmecken und danach bei schwacher Hitze für etwa 10 Minuten leise köcheln lassen.

3 Danach die Salami sowie den Schinken klein würfeln, die Pilze putzen und in Scheiben schneiden sowie die Tomaten waschen, die Stielansätze entfernen und in Stücke zerteilen.

4 Nun ein Pfännchen mit etwas Öl auspinseln und eine Teigkugel hineinlegen. Die Kugel platt drücken und mit einem Esslöffel Tomatensoße bestreichen. Den Pizzaboden nun nach Belieben mit Pilzen, Tomaten, Salami und Schinken belegen und abschließend mit etwas Käse bestreuen. Anschließend das Pfännchen in den Raclette-Grill schieben und für etwa 15 Minuten backen.

5 Die fertige Mini-Pizza aus dem Raclette-Grill nehmen, mithilfe eines Holzspatels aus dem Pfännchen schieben und direkt genießen.

MINI-FLAMMKUCHEN

 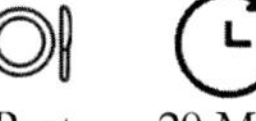 

5 Port. 20 Min. Leicht

Zutaten

250 g Mehl
200 g gewürfelter Speck
100 g Käse
1 Becher Sauerrahm
1 Becher Crème fraîche
1 Zwiebel
125 ml Wasser
2 EL Öl
Salz, Pfeffer

Nährwerte p. P.

703 kcal
41 g Kohlenhydrate
54 g Fett
15 g Eiweiß

1 Zunächst den Teig zubereiten. Hierfür das Mehl in eine Schüssel sieben, 2 Esslöffel Öl dazugeben und mit dem Wasser aufgießen. Anschließend eine Prise Salz hinzufügen und alles zu einem homogenen Teig verkneten. Aus dem Teig kleine Kugeln formen (ca. 3 bis 4 cm Durchmesser) und diese auf einen Teller bereitstellen.

2 Als Nächstes den Sauerrahm in eine Schüssel füllen, mit der Crème fraîche verrühren und mit Salz und Pfeffer würzen. Danach die Zwiebel schälen und sehr fein hacken.

3 Nun jeweils eine Teigkugel in ein Raclette-Pfännchen legen, platt drücken und mit einem Esslöffel Sauerrahm-Crème fraîche-Mischung bestreichen. Einige Zwiebeln und Speckwürfel darauf verteilen und danach mit Käse bestreuen.

4 Die Pfännchen in den Raclette-Grill schieben und für etwa 12 bis 15 Minuten backen. Die fertigen Mini-Flammkuchen aus dem Raclette-Grill nehmen, mithilfe eines Holzspatels aus dem Pfännchen schieben und direkt genießen.

FRUCHTIG-HERZHAFTES RINDERFILET

4 Port.

1 Std. 25 Min.

Leicht

Zutaten

400 g Rinderfilet
200 g cremiger Feta
1 Mango
4 EL Öl
Oregano (zum Garnieren)
Salz, Pfeffer

Nährwerte p. P.

250 kcal
6 g Kohlenhydrate
16 g Fett
20 g Eiweiß

1 Zunächst die Mango waschen und das Fruchtfleisch vom Kern schneiden. Anschließend in schmale Scheiben zerteilen. Danach das Fleisch unter fließendem Wasser abspülen, mit einem Küchenpapier trocken tupfen und ebenfalls dünn aufschneiden. Nun das Fleisch in eine Schüssel füllen, mit dem Öl beträufeln und mit Salz und Pfeffer würzen. Gründlich vermengen und für mindestens eine Stunde im Kühlschrank ziehen lassen.

2 Als Nächstes den Raclette-Grill vorheizen, mit etwas Öl bepinseln und das Fleisch darauf für 3 bis 4 Minuten pro Seite braten. Im Anschluss in die Pfännchen verteilen, mit den Mangoscheiben belegen sowie den Feta darüber bröseln.

3 Die Pfännchen in den Raclette-Grill schieben und für ca. 5 bis 7 Minuten überbacken. Die fertigen Pfännchen aus dem Raclette-Grill nehmen, mithilfe eines Holzspatels leeren, mit etwas Oregano bestreuen und genießen.

ÜBERBACKENES RINDERFILET MIT PFIFFERLINGEN

4 Port. 20 Min. Leicht

Zutaten

200 g Leerdammer Caractère
150 g kleine Pfifferlinge
150 g Rinderfilet
300 g Crème fraîche
80 g Mayonnaise
1 kleine, rote Paprikaschote
½ Salatgurke
1 kleine Knoblauchzehe
2 bis 3 Zweige frischer Thymian
2 TL Olivenöl
1 TL Dijon-Senf
Zitronensaft
Salz, Pfeffer

Nährwerte p. P.

675 kcal
6 g Kohlenhydrate
60 g Fett
26 g Eiweiß

1 Zunächst das Rinderfilet unter fließendem Wasser abspülen, mit einem Küchenpapier trocken tupfen und in 8 dünne Scheiben zerteilen. Anschließend den Knoblauch schälen und sehr fein hacken sowie die Pilze putzen. Zum Schluss noch den Thymian waschen, trocken tupfen und die Blätter von den Stielen zupfen.

2 Als Nächstes den Dip zubereiten. Dafür die Mayonnaise in eine Schüssel füllen, mit der Crème fraîche verrühren und mit Zitronensaft, Senf sowie Salz und Pfeffer abschmecken. Danach die Gurke waschen, die Enden abschneiden und fein würfeln sowie die Paprika waschen, die Kerngehäuse entfernen und die Schote in sehr kleine Stücke schneiden. Beides zu der Crème fraîche-Mischung geben und unterheben.

3 Nun etwas Öl in eine separate Pfanne füllen, erhitzen, den Knoblauch für 1 bis 2 Minuten darin anschwitzen und anschließend das Rinderfilet hinzufügen. Kurz von beiden Seiten scharf anbraten und währenddessen die Pilze mit in die Pfanne geben. Nach etwa 2 bis 3 Minuten alles aus der Pfanne nehmen und direkt in die Raclette-Pfännchen umfüllen.

4 Den Rinder-Pilz-Mix mit etwas Salz und Pfeffer sowie Thymian bestreuen, mit einer Scheibe Käse toppen und im Anschluss für ca. 4 bis 5 Minuten im Raclette-Grill überbacken.

5 Die fertigen Pfännchen aus dem Raclette-Grill nehmen, mithilfe eines Holzspatels leeren und direkt genießen.

LAVENDEL-HÄHNCHEN-PFÄNNCHEN

 4 Port.

 1 Std.

Leicht

Zutaten

1 kg Pellkartoffeln
600 g Hähnchenbrustfilet
400 g würziger Scheibenkäse
150 g getrocknete Tomaten in Öl
2 Knoblauchzehen
1 TL getrocknete Lavendelblüten
1 Thymianzweig
Salz, Pfeffer

Nährwerte p. P.

806 kcal
52 g Kohlenhydrate
33 g Fett
70 g Eiweiß

1 Zunächst den Backofen auf 200°C Umluft vorheizen. Danach das Fleisch unter fließendem Wasser abspülen, mit einem Küchenpapier trocken tupfen und in mundgerechte Stücke schneiden. Danach die Pellkartoffeln in Scheiben schneiden sowie den Knoblauch schälen und zerdrücken. Zum Schluss noch die Tomaten abgießen und abtropfen lassen. Hierbei das Öl auffangen.

2 Das Tomatenöl in eine Schüssel geben, die getrockneten Lavendelblüten und den Thymianzweig dazugeben und mit Salz und Pfeffer würzen. Alles gründlich verrühren und danach das vorbereitete Fleisch in die Marinade legen. Ausgiebig vermengen und für ein paar Minuten ziehen lassen.

3 Danach ein Backblech mit Backpapier auslegen, das marinierte Fleisch darauf verteilen und im Anschluss für ca. 15 Minuten im Backofen garen. In der Zwischenzeit die Kartoffelscheiben in die Pfännchen verteilen. Nach Ablauf der Garzeit das Fleisch aus dem Ofen nehmen, auf die Kartoffeln in die Pfännchen legen und mit dem Käse belegen. Die Pfännchen für ca. 10 Minuten in den Raclette-Grill schieben und überbacken.

4 Die fertigen Lavendel-Hähnchen-Pfännchen aus dem Raclette-Grill nehmen, mithilfe eines Holzspatels leeren und direkt genießen.

ROMANESCO MIT BACON-STÜCKEN

4 Port. 30 Min. Leicht

Zutaten

500 g Romanesco
150 g Bacon
250 g Schnittkäse
40 g Butter
2 Scheiben Weißbrot
3 ½ Stängel Salbei
Salz

Nährwerte p. P.

502 kcal
10 g Kohlenhydrate
38 g Fett
29 g Eiweiß

1 Zunächst den Romanesco waschen, abtropfen lassen und in kleine Röschen zerteilen. Anschließend einen Topf mit Wasser befüllen, leicht salzen und zum Kochen bringen. Die Romanescoröschen hineingeben und für ca. 5 Minuten bissfest garen. Nach Ende der Garzeit in ein Sieb abkippen, mit kaltem Wasser abschrecken und abtropfen lassen.

2 Als Nächstes den Käse klein würfeln, den Bacon in Streifen zerteilen und den Salbei waschen, trocken tupfen und die Blätter von den Stielen zupfen. Abschließend noch die Rinde vom Brot schneiden und das Innere in Würfel schneiden.

3 Nun die Pfännchen mit etwas Romanesco, Speck und Käse befüllen sowie mit Salbei toppen. Die Brotwürfel darüber verteilen und mit 2 bis 3 kleinen Butterflocken belegen. Nun die Pfännchen in den Raclette-Grill schieben und für etwa 10 Minuten backen.

4 Die fertigen Pfännchen aus dem Raclette-Grill nehmen, mithilfe eines Holzspatels leeren und direkt genießen.

STRAMMER MINI-MAX

6 Port. 15 Min. Leicht

Zutaten

12 Scheiben Baguette
6 Scheiben Raclettekäse
6 Scheiben Schinken
6 Eier

Nährwerte p. P.

321 kcal
21 g Kohlenhydrate
15 g Fett
25 g Eiweiß

1 Zunächst das Baguette bei Bedarf auf Pfännchen-Größe zurecht schneiden. Jeweils eine Scheibe in ein Pfännchen legen, mit dem Schinken und dem Käse belegen und die Eier darüber aufschlagen.

2 Das Pfännchen in den Raclette-Grill schieben und für ca. 8 bis 10 Minuten garen, bis das Ei nach Belieben gestockt ist. Den fertigen Strammen Mini-Max aus dem Raclette-Grill nehmen, mithilfe eines Holzspatels aus dem Pfännchen heben und direkt genießen.

MINI-BRIOCHE-BURGER

4 Port.

20 Min.

Leicht

Zutaten

250 g Hackfleisch (vom Rind)
200 g Sour Cream
100 g Sylter Scheiben
4 kleine Brioche Burger Buns
2 Tomaten
2 rote Zwiebeln
¼ Kopfsalat
Öl
Salz, Pfeffer

Nährwerte p. P.

520 kcal
35 g Kohlenhydrate
29 g Fett
31 g Eiweiß

1 Zunächst das Hackfleisch in eine Schüssel füllen, mit Salz und Pfeffer bestreuen und gründlich durchkneten. Die Hackmasse zu kleinen Kugeln (ca. 3 bis 4 cm Durchmesser) formen und auf einen Teller legen.

2 Als Nächstes die Tomaten waschen, die Stielansätze entfernen und in Scheiben schneiden. Anschließend die Zwiebeln schälen und in Ringe zerteilen sowie den Salat waschen, trocken schleudern und zerkleinern.

3 Nun die Grillplatte mit etwas Öl bepinseln und die Hackfleisch-Kugeln darauflegen, etwas platt drücken und für je 4 bis 5 Minuten pro Seite braten. Zeitgleich die Zwiebelringe auf die Grillplatte legen und ebenfalls kurz anschwitzen.

4 In der Zwischenzeit die kleinen Burger Buns aufschneiden, mit Sour Cream beschmieren und je eine Hälfte mit Tomaten und die andere Hälfte mit Käse belegen. Jeweils eine Hälfte in ein Raclette-Pfännchen legen, in den Raclette-Grill schieben und für 3 bis 4 Minuten backen.

5 Im Anschluss die Pfännchen aus dem Raclette-Grill nehmen, mit dem fertigen Patty belegen, mit etwas Salat und einigen Zwiebeln toppen und mit der zweiten Burger-Bun-Hälfte toppen. Den fertigen Mini-Brioche-Burger direkt genießen.

TORTILLA-PFÄNNCHEN

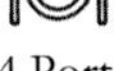

4 Port. 30 Min. Leicht

Zutaten

250 g Tortilla-Chips
400 g geriebener Gouda
200 g Sauerrahm
200 g Salsa
250 g Hackfleisch (vom Rind)
1 Dose Mais
1 Dose Kidneybohnen
1 Glas eingelegte Jalapeños
4 Tomaten
2 Avocados
1 Bund Koriander
Etwas Öl
Salz, Pfeffer

Nährwerte p. P.

874 kcal
19 g Kohlenhydrate
60 g Fett
57 g Eiweiß

1 Zunächst die Avocados halbieren, den Kern herauslösen und das Fruchtfleisch mithilfe eines Löffels aus der Schale heben. Anschließend klein würfeln. Nun die Tomaten waschen, halbieren, die Stielansätze entfernen und das Fruchtfleisch hacken. Danach den Koriander waschen, trocken tupfen und hacken sowie die Jalapeños in Ringe schneiden. Zum Schluss noch den Mais und die Bohnen in ein Sieb kippen, mit Wasser durchspülen und abtropfen lassen.

2 Als Nächstes etwas Öl in eine Pfanne füllen, erhitzen und bei mäßiger Hitze das Hackfleisch darin anbraten. Währenddessen mit Salz und Pfeffer würzen.

3 Nun die Pfännchen befüllen. Hierfür zunächst 2 bis 3 Tortilla-Chips in ein Pfännchen brechen und mit jeweils 1 bis 2 Esslöffel Hackfleisch belegen. Im Anschluss mit Tomaten, Mais, Kidneybohnen und Avocado toppen und mit einigen Jalapeño-Ringen belegen. Abschließend den Käse darauf geben und das Pfännchen in den Raclette-Grill schieben. Für etwa 10 Minuten überbacken.

4 Die fertigen Pfännchen aus dem Raclette-Grill nehmen, mithilfe eines Holzspatels leeren und mit etwas frischem Koriander bestreuen. Wahlweise mit Salsa oder Sauerrahm genießen.

Pfännchen mit Fisch

FRUTTI DI MARE IM PFÄNNCHEN

 4 Port.  40 Min. Leicht

Zutaten

500 g Lachsfilet
400 g Krabben, küchenfertig
150 g Frischkäse
150 g Raclettekäse
100 g Naturjoghurt
100 g Schmand
1 Zucchini
1 Stück Meerrettich (ca. 2 cm)
4 Jakobsmuscheln, küchenfertig
2 Stiele Dill
2 Stiele Petersilie
4 EL Zitronensaft
2 EL Schnittlauch
Salz, Pfeffer

Nährwerte p. P.

725 kcal
10 g Kohlenhydrate
47 g Fett
65 g Eiweiß

1 Zunächst die Zucchini waschen und in sehr feine Stifte schneiden. Anschließend die Jakobsmuscheln waschen und putzen, die Krabben in ein Sieb geben, abspülen und abtropfen lassen und den Fisch unter fließendem Wasser abspülen und mit Küchenpapier trocken tupfen. Zum Schluss noch die Petersilie und den Dill waschen, trocken schütteln und hacken.

2 Als Nächstes den Fisch in mundgerechte Stücke zerkleinern und in die Raclette-Pfännchen verteilen. Mit etwas Salz und Pfeffer bestreuen, mit Zitronensaft beträufeln und die Pfännchen in den Raclette-Grill schieben.

3 In der Zwischenzeit den Frischkäse in eine Schüssel füllen. Den Schnittlauch hinzufügen, salzen und pfeffern und mit einem Esslöffel Zitronensaft vermischen. Mit der gehackten Petersilie bestreuen und etwas ziehen lassen. Danach die Meerrettichsoße zubereiten. Hierfür den Meerrettich schälen und fein reiben. Anschließend den Joghurt in eine Schüssel füllen, mit dem Schmand verrühren und den Meerrettich sowie ein Esslöffel Zitronensaft hinzufügen. Alles gründlich umrühren und mit Salz und Pfeffer abschmecken.

4 Nun die Krabben auf die geölte Grillplatte geben und für 3 bis 6 Minuten garen. Zwischenzeitlich wenden. Währenddessen die Zucchinistifte in die Pfännchen füllen und mit jeweils einer Jakobsmuschel belegen. Eine Scheibe Käse darauflegen und das Pfännchen für 4 bis 5 Minuten in den Raclette-Grill schieben. Zum Abschluss mit Salz und Pfeffer würzen.

5 Die fertigen Krabben, die Jakobsmuschel-Pfännchen sowie die Fisch-Pfännchen zusammen mit dem Frischkäse-Dill-Dip und der Meerrettichsoße genießen.

LACHS MIT MANGO

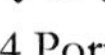

4 Port. 25 Min. Leicht

Zutaten

250 g Lachsfilet
35 geröstete Erdnüsse
125 g Cambozola
½ Mango
½ Bund Koriander
1 ½ EL Olivenöl
1 EL Sonnenblumenöl
Salz, Pfeffer

Nährwerte p. P.

399 kcal
5 g Kohlenhydrate
32 g Fett
23 g Eiweiß

1 Zunächst den Lachs in mundgerechte Stücke zerteilen und die Erdnüsse hacken. Anschließend die Mango schälen, vom Kern schneiden und in Scheiben schneiden. Danach noch den Cambozola in 8 Scheiben zerteilen.

2 Als Nächstes etwas Sonnenblumenöl auf die Grillplatte (oder in eine separate Pfanne) füllen, heiß werden lassen und den Lachs für ca. 1 bis 2 Minuten rundherum anbraten.

3 Nun den Lachs in die Raclette-Pfännchen legen, mit den Mangoscheiben toppen sowie mit den Erdnüssen bestreuen. Im Anschluss den Koriander waschen, trocken tupfen, hacken und über die vorbereiteten Pfännchen geben. Mit Salz und Pfeffer würzen, mit etwas Olivenöl beträufeln und mit je einer Scheibe Cambozola belegen. Die Pfännchen für ca. 5 bis 8 Minuten in den Raclette-Grill schieben.

4 Das fertige Pfännchen aus dem Raclette-Grill nehmen, mithilfe des Holzspatels leeren und direkt genießen.

ÜBERBACKENES KABELJAUFILET

4 Port. 25 Min. Leicht

Zutaten

200 g Kabeljaufilet
125 g Bergkäse
100 g Erbsen
100 g Rote Bete, gegart und geschält
½ Schalotte
½ Knoblauchzehe
½ Bund Petersilie, glatt
80 ml Gemüsebrühe
1 ½ EL Olivenöl
1 EL Sonnenblumenöl
1 TL Balsamico Bianco
1 Msp. Zucker
Salz, Pfeffer

Nährwerte p. P.

235 kcal
6 g Kohlenhydrate
14 g Fett
21 g Eiweiß

1 Zunächst die Schalotte und den Knoblauch schälen und jeweils hacken. Anschließend die Erbsen in ein Sieb geben und auftauen lassen. ½ Esslöffel Öl in einen Topf füllen, erhitzen und die Schalotten zusammen mit dem Knoblauch darin andünsten. Nach 1 bis 2 Minuten die Erbsen hinzugeben und mit der Brühe aufgießen. Den Topf mit einem Deckel verschließen und bei mäßiger Hitze für etwa 5 Minuten kochen. Nach Ende der Kochzeit mithilfe eines Pürierstabs fein mixen.

2 Als Nächstes die Rote Bete schälen, klein schneiden und in eine Schüssel füllen. Nun das restliche Öl sowie den Balsamico und den Zucker hinzufügen und alles gründlich durchmischen. Danach den Kabeljau unter fließendem Wasser abspülen, mit einem Küchenpapier abtupfen und dann in mundgerechte Stücke zerteilen.

3 Das Sonnenblumenöl auf die Grillplatte (oder in eine separate Pfanne) füllen, erhitzen und den Fisch darin rundherum für 1 bis 2 Minuten anbraten. Zum Schluss noch die Petersilie waschen, trocken tupfen und hacken sowie den Käse in Scheiben aufschneiden.

4 Nun den vorgegarten Kabeljau in die Pfännchen geben, etwas Rote Bete hinzufügen und mit Salz und Pfeffer würzen. Zum Schluss mit Petersilie bestreuen und mit je einer Scheibe Käse belegen. Die Pfännchen in den Raclette-Grill schieben und für 5 bis 10 Minuten überbacken.

5 Das fertige Pfännchen aus dem Raclette-Grill nehmen, mithilfe des Holzspatels leeren und zusammen mit dem Erbsenmus genießen.

SCAMPIS MIT FETA

4 Port.

40 Min.

Leicht

Zutaten

50 g rote Zwiebeln
125 g Feta
60 g grüne Oliven
4 Scampi, geschält
6 Cherrytomaten
30 ml Rotweinessig
3 EL Olivenöl
2 TL Kapern
Salz, Pfeffer

Nährwerte p. P.

215 kcal
2 g Kohlenhydrate
19 g Fett
9 g Eiweiß

1 Zunächst die Zwiebeln schälen und in dünne Ringe schneiden. Anschließend in eine flache Schale legen und mit dem Essig aufgießen. Die Zwiebeln für ca. 20 Minuten im Essig ziehen lassen.

2 In der Zwischenzeit die Scampi unter fließendem Wasser abspülen und mit einem Küchenpapier trocken tupfen. Danach einen Esslöffel Öl auf die Grillplatte (oder in eine separate Pfanne) gießen, erhitzen und die Scampi für je 1 bis 2 Minuten pro Seite scharf anbraten. Als Nächstes die Kapern und die Oliven abkippen, den Feta grob zerbröseln und die Tomaten waschen und halbieren.

3 Zum Schluss die vorbereiteten Scampi in die Pfännchen legen, die Tomaten, Oliven und Kapern hinzufügen und mit einigen eingelegten Zwiebeln toppen. Etwas Feta darüber streuen und mit etwas Öl beträufeln. Abschließend mit Salz und Pfeffer würzen und die Pfännchen für ca. 6 bis 8 Minuten in den Raclette-Grill schieben.

4 Das fertige Pfännchen aus dem Raclette-Grill nehmen, mithilfe des Holzspatels leeren und direkt genießen

MEERESFRÜCHTEMIX IM PFÄNNCHEN

8 Port.

20 Min.

Leicht

Zutaten

800 g Frutti di Mare (TK)
50 g Pecorino
4 Kartoffeln, festkochend
1 rote Zwiebel
1 Knoblauchzehe
6 Stiele Petersilie
4 EL Oliven
4 EL Olivenöl
Salz, Pfeffer

Nährwerte p. P.

240 kcal
8 g Kohlenhydrate
16 g Fett
17 g Eiweiß

1 Zunächst die Meeresfrüchte in ein Sieb füllen, abspülen und gründlich abtropfen lassen. In der Zwischenzeit die Kartoffeln waschen, in einen Topf geben, mit Wasser aufgießen und für ca. 15 bis 20 Minuten kochen lassen. Nach Ende der Kochzeit die Kartoffeln abgießen, kurz ausdampfen lassen und anschließend pellen und in kleine Würfel schneiden.

2 Als Nächstes die Zwiebel schälen und hacken sowie den Knoblauch schälen und pressen. Im Anschluss die Petersilie waschen, trocken tupfen und hacken sowie den Käse reiben.

3 Nun die Meeresfrüchte in eine Schüssel füllen, den Knoblauch und die Zwiebeln hinzufügen und die Kartoffelwürfel dazugeben. Zuletzt die Petersilie und die Oliven in die Schüssel füllen, mit Olivenöl beträufeln und alles vorsichtig vermengen. Zum Abschluss noch mit Salz und Pfeffer abschmecken.

4 Den Kartoffel-Meeresfrüchte-Mix nun in die Raclette-Pfännchen füllen, mit etwas geriebenem Pecorino bestreuen und in den Raclette-Grill schieben. Für ca. 7 bis 12 Minuten backen.

5 Die fertigen Pfännchen aus dem Raclette-Grill nehmen, mithilfe des Holzspatels leeren und direkt genießen.

SALMONIDEN MIT GARNELEN IM PFÄNNCHEN

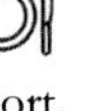

4 Port. 1 Std. Leicht

Zutaten

300 g Naturjoghurt (1,5 % Fett)
200 g Räucherforelle
200 g Raclettekäse (in Scheiben)
200 g Garnelen (TK)
400 g Lachs (TK)
500 g Kartoffeln, klein, festkochend
1 Brokkoli
1 Zucchini
1 bis 2 EL Zitronensaft
Etwas Öl
½ TL frischen Dill
Zitronenabrieb
Salz, Pfeffer

Nährwerte p. P.

632 kcal
26 g Kohlenhydrate
32 g Fett
60 g Eiweiß

1 Zunächst die Kartoffeln waschen, in einen Topf geben und mit Wasser aufgießen. Bei mäßiger Hitze für ca. 15 bis 20 Minuten kochen. Nach Ende der Kochzeit die Kartoffeln in ein Sieb abkippen, ausdampfen lassen und im Anschluss pellen und in Scheiben schneiden.

2 Als Nächstes einen Topf mit Wasser befüllen, salzen und aufkochen. In der Zwischenzeit den Brokkoli waschen, in kleine Röschen zerteilen und für ca. 5 Minuten im kochenden Wasser garen. Währenddessen den Joghurt in eine Schüssel füllen, mit dem Zitronenabrieb und etwas Zitronensaft verrühren. Nun den Dill waschen, trocken schütteln, hacken, unter den Joghurt rühren sowie mit Salz und Pfeffer abschmecken.

3 Im Anschluss die Zucchini waschen, die Enden abtrennen und in Scheiben schneiden. Zum Schluss noch die Garnelen, die Forelle und den Lachs unter fließendem Wasser abspülen und mit einem Küchenpapier trocken tupfen. Die Forelle und den Lachs in mundgerechte Stücke zerschneiden und den Lachs mit etwas Zitronensaft beträufeln und leicht salzen.

4 Etwas Öl auf die Grillplatte (oder in eine separate Pfanne) geben, erhitzen und den Lachs sowie die Zucchinischeiben für 1 bis 2 Minuten anbraten. Den angebratenen Lachs sowie die Zucchini in die Pfännchen verteilen, etwas Forelle und Garnelen dazugeben und die Kartoffeln und den Brokkoli hinzufügen. Mit Käse belegen und die Pfännchen für etwa 10 Minuten in den Raclette-Grill schieben.

5 Die fertigen Pfännchen aus dem Raclette-Grill nehmen, mithilfe des Holzspatels leeren und zusammen mit dem Joghurt-Dip genießen.

THAI-RACLETTE

4 Port. 25 Min. Leicht

Zutaten

600 g Fisch (z.B. Rotbarsch, Seelachs oder Ähnliches)
250 g Kokosmilch
100 g Gouda, jung (oder Butterkäse)
1 Limette
2 rote Chilischoten
1 Stk. frischer Ingwer (ca. 3 cm)
1 Stange Lauch
Salz, Pfeffer

Nährwerte p. P.

414 kcal
6 g Kohlenhydrate
30 g Fett
29 g Eiweiß

1 Zunächst den Fisch unter fließendem Wasser abspülen und mit einem Küchenpapier trocken tupfen. Anschließend das Filet in kleine Stücke zerteilen. Danach die Chilischoten waschen und zerkleinern sowie die Schale vom Ingwer entfernen und dann in dünne Scheiben zerteilen. Nun den Lauch putzen, die Enden abtrennen und in schmale Streifen schneiden sowie die Limette waschen, trockenreiben und die Schale abraspeln. Anschließend die Limette halbieren und den Saft aus einer Hälfte auspressen.

2 Als Nächstes den Käse sehr klein würfeln und in eine Schüssel geben. Mit der Kokosmilch aufgießen und ein Esslöffel Limettensaft dazugeben. Anschließend die Lauchstreifen und die zerkleinerten Chilischoten dazugeben. Zuletzt den Ingwer unterrühren und kräftig salzen und pfeffern.

3 Nun den Fisch in die Raclette-Pfännchen legen und mit der Käse-Kokos-Masse auffüllen. Abschließend die Pfännchen für etwa 10 Minuten in den Raclette-Grill schieben.

4 Die fertigen Pfännchen aus dem Raclette-Grill nehmen, mithilfe des Holzspatels leeren und genießen.

SPAGHETTI-PFÄNNCHEN MIT LACHS

4 Port. 20 Min. Leicht

Zutaten

150 g Lachsfilet
75 g Spaghetti
100 g Sahne
100 g Kirschtomaten
4 Raclettekäse (in Scheiben)
Öl
Salz, Pfeffer

Nährwerte p. P.

289 kcal
15 g Kohlenhydrate
19 g Fett
15 g Eiweiß

1 Zunächst einen großen Topf mit Wasser befüllen, salzen und aufkochen lassen. Die Spaghetti in das Wasser geben und für 7 bis 9 Minuten bissfest garen. In der Zwischenzeit den Lachs unter fließendem Wasser abspülen, mit einem Küchenpapier trocken tupfen und in mundgerechte Stücke zerteilen. Anschließend mit Salz und Pfeffer bestreuen. Nun die Tomaten waschen, die Stielansätze entfernen und vierteln.

2 Im Anschluss etwas Öl auf die Grillplatte geben, erhitzen und den Lachs kurz von beiden Seiten für je 1 Minute anbraten. Nach Ende der Garzeit die fertigen Spaghetti in ein Sieb abgießen, abtropfen lassen und dann in die Pfännchen verteilen. Den Lachs auf die Nudeln legen und alles mit etwas Sahne aufgießen. Mit einigen Tomaten toppen und abschließend mit einer Scheibe Käse bedecken.

3 Die Pfännchen in den Raclette-Grill schieben und für ca. 6 bis 8 Minuten überbacken. Die fertigen Spaghetti-Pfännchen mit Lachs aus dem Raclette-Grill nehmen, mithilfe des Holzspatels leeren und genießen.

MINI-BORDELAISE IM PFÄNNCHEN GEBACKEN

 4 Port.
 30 Min.
 Mittel

Zutaten

600 g Lachsforellenfilets
50 g Parmesan
75 g Semmelbrösel
½ Bund Petersilie
½ Zitrone
6 getrocknete Tomaten in Öl
2 Sardellenfilets in Öl
2 Knoblauchzehen
1 Ei
4 EL Olivenöl
Salz, Pfeffer

Nährwerte p. P.

455 kcal
18 g Kohlenhydrate
24 g Fett
39 g Eiweiß

1 Zunächst die Zitrone waschen, trockenreiben und die Schale mithilfe einer Reibe fein abraspeln. Anschließend die Zitrone halbieren und den Saft herauspressen. Danach den Parmesan ebenfalls fein reiben und die Petersilie durchwaschen, trocken tupfen und hacken. Anschließend die Tomaten aus dem Öl nehmen und abtropfen lassen, ebenso die Sardellenfilets abgießen und abtropfen lassen. Währenddessen den Knoblauch schälen und pressen.

2 Als Nächstes die Tomaten und die Sardellenfilets jeweils fein hacken und in eine Schüssel füllen. Etwas Zitronenabrieb sowie die Petersilie und den Parmesan dazugeben. Anschließend den Knoblauch, die Semmelbrösel sowie das Ei und das Olivenöl hinzufügen und alles gründlich vermengen. Abschließend mit Salz und Pfeffer würzen.

3 Nun den Fisch unter fließendem Wasser abspülen, mit einem Küchenpapier trocken tupfen und in Pfännchen-Größe schneiden. Die Filets mit etwas Zitronensaft beträufeln, kräftig salzen und pfeffern und dann in die Pfännchen legen. Die Semmelbrösel-Mischung gleichmäßig auf dem Fisch verteilen, sodass eine Art Decke entsteht. Die Pfännchen nun in den Raclette-Grill schieben und für 6 bis 8 Minuten goldbraun ausbacken.

4 Die fertigen Pfännchen aus dem Raclette-Grill nehmen, mithilfe des Holzspatels leeren und die Mini-Bordelaise genießen.

THUNFISCH MIT MOZZARELLA

4 Port. 30 Min. Leicht

Zutaten

250 g Mozzarella
150 g abgetropfter Thunfisch (aus der Dose, im eigenen Saft)
8 getrocknete Tomaten in Öl
2 Frühlingszwiebeln
1 Handvoll frischer Rucola
1 große Fleischtomate
2 EL Olivenöl
1 TL Zitronensaft
Etwas Salz, Pfeffer

Nährwerte p. P.

270 kcal
6 g Kohlenhydrate
21 g Fett
14 g Eiweiß

1 Zunächst die Frühlingszwiebeln putzen, die Enden abschneiden und anschließend in dünne Scheiben zerteilen. Danach die getrockneten Tomaten abgießen, ausgiebig abtropfen lassen und danach grob zerkleinern. Im Anschluss die Tomate mit kochendem Wasser übergießen und danach die Haut abziehen. Nun die Stielansätze entfernen und das Fruchtfleisch hacken. Zum Schluss noch den Rucola waschen, trocken tupfen und hacken sowie den Mozzarella abgießen und in Würfel schneiden.

2 Als Nächstes den Thunfisch abtropfen lassen, mithilfe von zwei Gabeln auseinanderziehen und in eine Schüssel geben. Nun die Frühlingszwiebeln, die Tomaten sowie den Rucola dazugeben und alles miteinander vermengen. Währenddessen mit Öl und Zitronensaft beträufeln und mit Salz und Pfeffer würzen.

3 Die Thunfisch-Masse in die Pfännchen füllen, mit etwas Mozzarella bestreuen und in den Raclette-Grill schieben. Für ca. 5 bis 8 Minuten backen, sodass der Käse goldbraun zerschmolzen ist.

4 Die fertigen Pfännchen aus dem Raclette-Grill nehmen, mithilfe des Holzspatels leeren und genießen.

Vegetarische und Vegane Pfännchen

VEGETARISCHE FRITTATA-PFÄNNCHEN

8 Port.

25 Min.

Leicht

Zutaten

250 g Champignons
20 g Parmesan
1 rote Zwiebel
3 Eier
8 Zweige Thymian
150 ml Schlagsahne
2 EL Olivenöl
Salz, Pfeffer

Nährwerte p. P.

124 kcal
2 g Kohlenhydrate
11 g Fett
5 g Eiweiß

1 Zunächst die Zwiebel schälen und hacken sowie die Champignons putzen und in Scheiben zerteilen. Abschließend noch den Thymian waschen, trocken tupfen und die Blättchen von den Stielen zupfen.

2 Als Nächstes das Öl in eine Pfanne füllen, heiß werden lassen und die Pilze darin bei mäßiger Hitze für etwa 5 Minuten anbraten. Anschließend die Zwiebeln und die Thymianblätter hinzufügen, umrühren und mit Salz und Pfeffer abschmecken.

3 Nun die Eier und den Parmesan in eine Schüssel füllen, mit der Sahne aufgießen und mithilfe eines Schneebesens aufschlagen. Zum Schluss mit Salz und Pfeffer würzen.

4 Abschließend 1 bis 2 Esslöffel der Pilz-Masse in ein Raclette-Pfännchen füllen, mit dem Käse-Sahne-Mix aufgießen und in den Raclette-Grill schieben. Für ca. 6 bis 8 Minuten backen.

5 Das fertige Pfännchen aus dem Raclette-Grill nehmen, mithilfe des Holzspatels leeren und direkt genießen.

GEBACKENER ZIEGENKÄSE

2 Port. 10 Min. Leicht

Zutaten

150 g Ziegenfrischkäse
2 Tomaten
1 Avocado
1 EL Zitronensaft
2 EL Honig
½ TL getrockneter Thymian
½ TL Raclette-Gewürz

Nährwerte p. P.

324 kcal
19 g Kohlenhydrate
24 g Fett
8 g Eiweiß

1 Zunächst die Tomaten waschen, die Stielansätze entfernen und in Scheiben zerteilen. Danach die Avocado aufschneiden, den Kern herauslösen und das Fruchtfleisch mithilfe eines Löffels aus der Schale heben. Nun das Fruchtfleisch in Scheiben schneiden und mit dem Zitronensaft beträufeln. Zum Abschluss noch den Ziegenfrischkäse zerbröseln.

2 Als Nächstes jeweils 1 bis 2 Tomatenscheiben in ein Raclette-Pfännchen füllen, mit einigen Avocadowürfeln belegen und mit etwas Käse toppen. Mit jeweils einer Prise Raclette-Gewürz und Thymian bestreuen und mit etwas Honig beträufeln. Das Pfännchen im Anschluss in den Raclette-Grill schieben und für 3 bis 5 Minuten backen.

3 Das fertige Pfännchen aus dem Raclette-Grill nehmen, mithilfe des Holzspatels leeren und den gebackenen Ziegenkäse direkt genießen.

CAMEMBERT MIT FRISCHEN FEIGEN

4 Port. 10 Min. Leicht

Zutaten

125 g Camembert
50 g Walnüsse
4 frische Feigen
2 TL Honig

Nährwerte p. P.

231 kcal
13 g Kohlenhydrate
16 g Fett
9 g Eiweiß

1 Zunächst die Feigen waschen und in Spalten schneiden sowie den Camembert in Scheiben zerteilen und die Walnüsse bei Bedarf grob hacken.

2 Nun 2 bis 3 Feigenspalten in ein Raclette-Pfännchen legen, mit einigen Walnüssen toppen und mit etwas Honig beträufeln. Abschließend mit einer Scheibe Käse belegen und das Pfännchen für etwa 4 bis 6 Minuten in den Raclette-Grill schieben und backen.

3 Das fertige Pfännchen aus dem Raclette-Grill nehmen, mithilfe des Holzspatels leeren und den Camembert mit frischen Feigen direkt genießen.

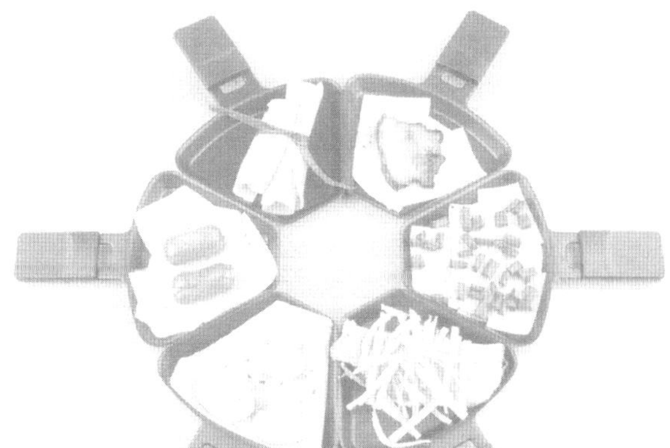

MEDITERRANES GEMÜSE-PFÄNNCHEN

 4 Port.
 10 Min.
 Leicht

Zutaten

700 g Raclettekäse (in Scheiben)
1 Bund Frühlingszwiebeln
1 Glas ganze Oliven
1 Glas getrocknete Tomaten in Öl
Paprikapulver
Pfeffer

Nährwerte p. P.

843 kcal
15 g Kohlenhydrate
61 g Fett
53 g Eiweiß

1 Zunächst die Frühlingszwiebeln putzen, die Enden abtrennen und in Scheiben schneiden. Anschließend die Oliven in Ringe schneiden sowie die Tomaten abkippen, abtropfen lassen und zerkleinern.

2 Als Nächstes die Raclette-Pfännchen befüllen. Hierfür diesmal mit einer Scheibe Käse starten und diese auf den Boden eines Pfännchens legen. Nun mit einigen Zwiebelscheiben sowie Oliven und Tomaten belegen. Mit etwas Paprikapulver und Pfeffer würzen und im Anschluss das Pfännchen für 3 bis 6 Minuten in den Raclette-Grill schieben.

3 Das fertige Pfännchen aus dem Raclette-Grill nehmen, mithilfe des Holzspatels leeren und direkt genießen.

ÜBERBACKENES ZWIEBELBAGUETTE

4 Port. 15 Min. Leicht

Zutaten

90 g Zucchini
25 g Schalotten
13 g Olivenöl
5 g Kapern
40 g Mozzarella
25 g Zwiebelbaguette
1 Zitrone
Salz, Pfeffer

Nährwerte p. P.

78 kcal
4 g Kohlenhydrate
6 g Fett
3 g Eiweiß

1 Zunächst die Schalotten schälen und in schmale Stifte schneiden sowie das Baguette in gleichmäßige, dünne Scheiben aufschneiden. Anschließend die Zitrone mit heißem Wasser abspülen, trockenreiben und mithilfe einer Reibe fein raspeln. Danach die Zitrone halbieren und den Saft einer Hälfte auspressen und auffangen. Zum Schluss noch die Zucchini waschen, die Enden abtrennen und in Stifte schneiden.

2 Als Nächstes die Zucchinistifte in eine Schüssel füllen, mit dem Zitronensaft beträufeln und den Zitronenabrieb hinzufügen. Danach die Zwiebelstreifen sowie die Kapern dazugeben, mit dem Olivenöl aufgießen und mit Salz und Pfeffer würzen.

3 Jeweils eine Scheibe Zwiebelbaguette in die Pfännchen legen und für 2 bis 3 Minuten in den Raclette-Grill schieben. Anschließend das Pfännchen aus dem Grill nehmen, das angeröstete Baguette mit der Zucchini-Zwiebel-Masse belegen und mit etwas Mozzarella toppen. Nun das Raclette-Pfännchen nochmals für ca. 5 Minuten in den Raclette-Grill schieben und überbacken.

4 Das fertige Pfännchen aus dem Raclette-Grill nehmen, mithilfe des Holzspatels leeren und direkt genießen.

MARONEN-ROSENKOHL-RACLETTE

4 Port.

30 Min.

Leicht

Zutaten

600 g Rosenkohl
400 g Raclettekäse (in Scheiben)
200 g Maronen (vorgegart)
4 Zweige Thymian
1 EL Butter
Muskatnuss
Salz, Pfeffer

Nährwerte p. P.

517 kcal
23 g Kohlenhydrate
30 g Fett
35 g Eiweiß

1 Zunächst einen Topf mit Wasser befüllen, salzen und aufkochen. In der Zwischenzeit den Rosenkohl putzen, waschen und den Strunk kreuzförmig einschneiden. Den Rosenkohl in das kochende Wasser geben, einen passenden Deckel auf den Topf legen und bei mäßiger Hitze für ca. 10 bis 12 Minuten leise köcheln lassen. Nach Ende der Garzeit den Rosenkohl in ein Sieb abgießen, unter kaltem Wasser abspülen, gründlich abtropfen lassen und dann halbieren.

2 In der Zwischenzeit den Thymian durchspülen, trocken schütteln und zerkleinern. Danach die Maronen ebenfalls grob hacken.

3 Als Nächstes die Butter in eine separate Pfanne füllen, heiß werden lassen und die Maronen zusammen mit dem Thymian darin anschwitzen. Währenddessen mit Salz und Pfeffer bestreuen. Nach 1 bis 2 Minuten den Rosenkohl dazugeben, erhitzen und die Masse anschließend direkt in die Raclette-Pfännchen füllen. Mit jeweils einer Scheibe Käse belegen und die Pfännchen in den Raclette-Grill schieben. Für etwa 4 bis 8 Minuten überbacken.

4 Das fertige Pfännchen aus dem Raclette-Grill nehmen, mithilfe des Holzspatels leeren und das Maronen-Rosenkohl-Raclette mit etwas Muskatnuss und Pfeffer würzen. Direkt genießen.

VEGANES KLASSIK-PFÄNNCHEN

6 Port. 45 Min. Leicht

Zutaten

4 Kartoffeln
400 g Jackfruit (aus der Dose)
1 ½ Handvoll Pilze
1 Knoblauchzehe
4 EL geriebener veganer Käseersatz
5 EL Olivenöl
2 EL Tomatenmark
1 TL Paprikapulver
1 TL Kreuzkümmelpulver
½ TL Oregano
Rauchsalz
Salz, Pfeffer

Nährwerte p. P.

321 kcal
11 g Kohlenhydrate
13 g Fett
15 g Eiweiß

1 Zunächst die Kartoffeln in einen Topf füllen, mit Wasser aufgießen und salzen. Bei mäßiger Hitzezufuhr für ca. 15 bis 20 Minuten kochen. Nach Ablauf der Kochzeit in ein Sieb abkippen, ausdampfen lassen und dann in Scheiben schneiden. Im Anschluss die Jackfruit in ein Sieb abkippen und abtropfen lassen sowie die Pilze putzen und bei Bedarf zerkleinern.

2 In der Zwischenzeit den Knoblauch schälen, sehr fein hacken und in eine Schüssel füllen. Mit dem Olivenöl aufgießen und mit dem Tomatenmark verrühren. Anschließend mit Paprikapulver, Kreuzkümmel, Oregano, Rauchsalz sowie Salz und Pfeffer würzen. Die Kartoffelscheiben in die fertige Marinade geben und für mindestens 15 Minuten ziehen lassen.

3 Die marinierten Kartoffelscheiben nach Ablauf der Ziehzeit in die Raclette-Pfännchen verteilen, die Pilze dazugeben und mit etwas veganem Käse-Ersatz bestreuen. Für ca. 6 bis 10 Minuten in den Raclette-Grill schieben und backen.

4 Das vegane Klassik-Pfännchen aus dem Raclette-Grill nehmen, mithilfe des Holzspatels leeren und sofort genießen.

VEGANES ORIENTALISCHES PFÄNNCHEN

6 Port.

45 Min.

Leicht

Zutaten

400 g Jackfruit (aus der Dose)
1 ½ Dosen Kichererbsen
1 ½ Süßkartoffeln
1 Knoblauchzehe
5 EL Olivenöl
2 EL Tomatenmark
1 TL Paprikapulver
1 TL Kreuzkümmelpulver
½ TL Oregano
Rauchsalz
Granatapfelkerne
Salz, Pfeffer

Nährwerte p. P.

220 kcal
16 g Kohlenhydrate
14 g Fett
6 g Eiweiß

1 Zunächst die Süßkartoffeln waschen und in einen Topf füllen. Mit Wasser aufgießen und für ca. 15 Minuten bei mäßiger Hitze kochen. Anschließend in ein Sieb abkippen, ausdampfen lassen und in Scheiben zerteilen.

2 Danach die Jackfruit in ein Sieb abkippen und abtropfen lassen. Zum Abschluss die Kichererbsen ebenfalls abkippen und abtropfen lassen. In der Zwischenzeit den Knoblauch schälen, sehr fein hacken und in eine Schüssel füllen. Mit dem Olivenöl aufgießen und mit dem Tomatenmark verrühren. Anschließend mit Paprikapulver, Kreuzkümmel, Oregano, Rauchsalz sowie Salz und Pfeffer würzen. Die Süßkartoffelscheiben in die fertige Marinade geben und für mindestens 15 Minuten ziehen lassen.

3 Nach Ablauf der Ziehzeit die Süßkartoffelscheiben in die Pfännchen verteilen und mit den Kichererbsen und der Jackfruit toppen. Die Pfännchen für ca. 8 bis 10 Minuten in den Raclette-Grill schieben und backen.

4 Das fertige Pfännchen aus dem Raclette-Grill nehmen, mithilfe des Holzspatels leeren und mit einigen Granatapfelkernen bestreuen. Direkt genießen.

PIZZA-BAGUETTE AUS DEM RACLETTE

6 Port. 35 Min. Leicht

Zutaten

200 g Mozzarella
70 g vegetarische Salami Minis
6 Scheiben Baguette
1 rote Paprika
4 Champignons
2 bis 3 Stiele Oregano
2 EL Tomatenmark
1 EL Wasser
Salz, Pfeffer

Nährwerte p. P.

530 kcal
45 g Kohlenhydrate
23 g Fett
31 g Eiweiß

1 Zunächst das Tomatenmark in eine Schüssel füllen, das Wasser hinzugießen sowie salzen und pfeffern. Gründlich verrühren. Nun die Baguettescheiben mit der Tomaten-Creme bestreichen und in die Pfännchen verteilen.

2 Als Nächstes die vegetarische Salami in Scheiben schneiden sowie die Pilze putzen und in Scheiben schneiden. Danach die Paprika waschen, das Kerngehäuse entfernen und die Schote in Streifen schneiden. Nun die Brotscheiben mit den vorbereiteten Zutaten belegen und mit Salz und Pfeffer bestreuen.

3 Zum Schluss noch den Mozzarella-Käse in gleichmäßige Scheiben zerteilen und die Baguettescheiben damit toppen. Die Pfännchen in den Raclette-Grill schieben und für 6 bis 8 Minuten backen. In der Zwischenzeit den Oregano waschen, trocken tupfen und zupfen.

4 Das fertige Pfännchen aus dem Raclette-Grill nehmen, mithilfe des Holzspatels leeren und mit dem Oregano bestreut genießen.

GEMÜSEPFÄNNCHEN MIT KÜRBIS

8 Port. 30 Min. Leicht

Zutaten

250 g Bergkäse
300 g Hokkaido-Kürbis
50 g schwarze Oliven
1 Dose Kirschtomaten
1 Zwiebel
2 Knoblauchzehen
1 gelbe Paprikaschote
6 Stiele Thymian
3 EL Olivenöl
Zucker
Salz, Pfeffer

Nährwerte p. P.

200 kcal
8 g Kohlenhydrate
13 g Fett
10 g Eiweiß

1 Zunächst den Knoblauch und die Schale der Zwiebel abziehen und diese fein würfeln. Anschließend die Paprika waschen, das Kerngehäuse entfernen und die Schote in Würfel zerteilen. Danach den Kürbis waschen und in kleine Würfel hacken.

2 Als Nächstes das Öl in eine separate Pfanne füllen, heiß werden lassen und den Knoblauch sowie die Zwiebeln darin bei mäßiger Hitze anschwitzen. Nach 1 bis 2 Minuten die Paprika und den Kürbis hinzufügen und für weitere 3 bis 4 Minuten anbraten. Nun die Oliven und die Dosentomaten dazugeben, umrühren und aufkochen lassen. In der Zwischenzeit den Thymian waschen, trocken tupfen und die Blätter von den Stielen zupfen. Den Thymian hinzufügen und im Anschluss mit dem Zucker süßen und je nach Geschmack salzen und pfeffern. Danach für etwa 5 bis 10 Minuten bei schwacher Hitze leise köcheln lassen.

3 Nun den Bergkäse in die Pfännchen verteilen und mit 2 bis 4 Esslöffel Gemüse-Masse toppen. Die Pfännchen in den Raclette-Grill schieben und für 6 bis 10 Minuten backen. Das fertige Gemüsepfännchen mit Kürbis aus dem Raclette-Grill nehmen, mithilfe des Holzspatels leeren und noch heiß genießen.

ÜBERBACKENE KÄSESPÄTZLE

6 Port. 35 Min. Leicht

Zutaten

400 g Spätzle (aus dem Kühlregal)
1 Glas Kürbisse (in Würfel, ca. 370 ml)
¼ Bund Schnittlauch
3 große Scheiben Raclettekäse
1 bis 2 EL Röstzwiebeln
Salz

Nährwerte p. P.

530 kcal
45 g Kohlenhydrate
23 g Fett
31 g Eiweiß

1 Zunächst einen Topf mit Wasser befüllen, salzen und aufkochen lassen. Anschließend die Spätzle hineingeben und für 1 bis 2 Minuten kochen. Sobald die Spätzle an der Oberfläche schwimmen, sind sie gar und können mithilfe einer Schöpfkelle abgeschöpft werden. Die Spätzle in eine große Schüssel füllen.

2 Als Nächstes den Kürbis in ein Sieb abkippen und abtropfen lassen. Danach den Schnittlauch waschen, trocken tupfen und in Röllchen hacken.

3 Nun die Pfännchen mit einigen Spätzle befüllen, mit ein paar Kürbiswürfeln toppen und im Anschluss mit einer Scheibe Käse belegen. Das Pfännchen in den Raclette-Grill schieben und für etwa 3 bis 5 Minuten überbacken.

4 Das fertige Pfännchen aus dem Raclette-Grill nehmen, mithilfe des Holzspatels leeren und mit dem gehackten Schnittlauch sowie einigen Röstzwiebeln bestreuen. Heiß genießen.

ÜBERBACKENE ZUCCHININUDELN

 8 Port.

 15 Min.

Leicht

Zutaten

300 g Zucchini
250 g Sahne-Gorgonzola
1 Glas geröstete Paprika
1 Glas Kapern
2 Knoblauchzehen
1 EL Weißweinessig
4 EL Olivenöl
Salz, Pfeffer

Nährwerte p. P.

170 kcal
3 g Kohlenhydrate
14 g Fett
7 g Eiweiß

1 Zunächst die Zucchini waschen, die Enden abtrennen und mithilfe eines Spiralschneiders zu Julienne schneiden. Anschließend den Knoblauch schälen und fein hacken sowie die Paprika abgießen und in schmale Streifen zerteilen. Zum Schluss noch die Kapern in ein Sieb abkippen, abtropfen lassen und dann fein hacken.

2 Die vorbereiteten Zutaten in eine Schüssel füllen und mit Öl und Essig beträufeln. Gründlich durchmischen und mit Salz und Pfeffer würzen. Anschließend den Gorgonzola in 8 Scheiben schneiden und in die Raclette-Pfännchen legen. Mit dem Zucchini-Mix toppen und die Pfännchen dann in den Raclette-Grill schieben. Für etwa 6 bis 9 Minuten grillen.

3 Das fertige Pfännchen aus dem Raclette-Grill nehmen, mithilfe des Holzspatels leeren und noch heiß genießen.

BROKKOLI-BLUMENKOHL-PFÄNNCHEN

 4 Port.  20 Min.  Leicht

Zutaten

300 g Blumenkohlröschen
300 g Brokkoliröschen
150 g Gouda in Scheiben
100 ml Gemüsebrühe
50 ml Wasser
3 EL Mandelblättchen
1 EL Rosinen
1 TL Zitronensaft

Nährwerte p. P.

231 kcal
7 g Kohlenhydrate
16 g Fett
15 g Eiweiß

1 Zunächst einen Topf mit der Brühe, dem Wasser und dem Zitronensaft befüllen und aufkochen. Währenddessen den Blumenkohl sowie den Brokkoli waschen und in kleine Röschen zerteilen. Den Brokkoli in den Topf geben und für ca. 1 Minute kochen. Im Anschluss den Blumenkohl hinzufügen und zusammen für weitere 2 Minuten kochen. Nach Ablauf der Kochzeit das Gemüse in ein Sieb abkippen, mit kaltem Wasser abschrecken und abtropfen lassen.

2 Als Nächstes die Mandeln in eine Pfanne geben und ohne Zugabe von Fett goldbraun anrösten. Die Mandeln in eine Schüssel füllen, mit den Rosinen mischen und im Anschluss den Brokkoli-Blumenkohl-Mix hinzugeben. Vorsichtig vermengen.

3 Die Raclette-Pfännchen mit der Gemüse-Mischung befüllen, mit einer Scheibe Käse belegen und im Raclette-Grill für ca. 4 bis 8 Minuten überbacken. Das fertige Pfännchen aus dem Raclette-Grill nehmen, mithilfe des Holzspatels leeren und direkt genießen.

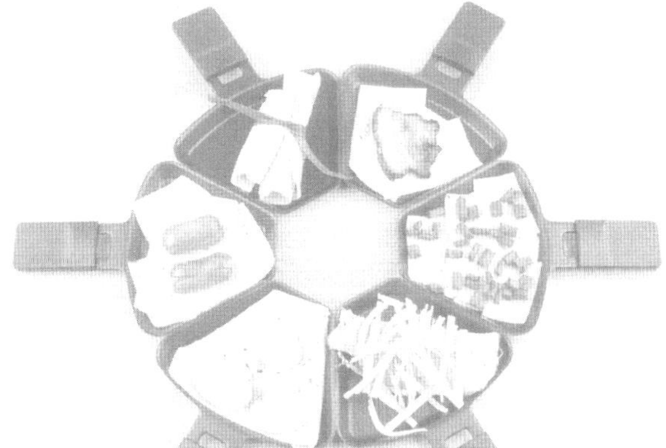

FETA-AVOCADO-PFÄNNCHEN

2 Port. 15 Min. Leicht

Zutaten

200 g Feta
2 Tomaten
1 Avocado
1 EL Zitronensaft
italienische Kräuter
Salz, Pfeffer

Nährwerte p. P.

490 kcal
4 g Kohlenhydrate
42 g Fett
19 g Eiweiß

1 Zunächst die Tomaten waschen, die Stielansätze entfernen und in Scheiben aufschneiden. Anschließend die Avocado in zwei Hälften zerteilen, den Kern herauslösen und das Fruchtfleisch mithilfe eines Löffels aus der Schale heben. Danach in kleine Würfel schneiden und mit dem Zitronensaft beträufeln. Zum Schluss noch den Feta grob zerbröseln.

2 Als Nächstes die Tomatenscheiben in die Pfännchen legen, mit einigen Avocadowürfeln toppen und mit dem Feta bestreuen. Abschließend mit Kräutern, Salz und Pfeffer bestreuen und dann im Raclette-Grill für ca. 4 bis 6 Minuten backen.

3 Das fertige Feta-Avocado-Pfännchen aus dem Raclette-Grill nehmen, mithilfe des Holzspatels leeren und sofort genießen.

GNOCCHI-PFÄNNCHEN

6 Port. 15 Min. Leicht

Zutaten

200 g Cocktailtomaten
125 g Mozzarella
250 g Gnocchi (aus dem Kühlregal)
3 EL Basilikum-Pesto
Salz

Nährwerte p. P.

151 kcal
15 g Kohlenhydrate
7 g Fett
6 g Eiweiß

1 Zunächst einen Topf mit Wasser befüllen, salzen und aufkochen lassen. Sobald das Wasser kocht, die Gnocchi hineingeben und für 2 bis 3 Minuten kochen. Die fertigen Gnocchi in ein Sieb abkippen und ausgiebig abtropfen lassen. In der Zwischenzeit die Tomaten waschen und halbieren sowie den Mozzarella in kleine Würfel schneiden.

2 Nun jeweils ein paar Gnocchi in ein Pfännchen legen, 2 bis 3 Tomatenhälften dazugeben, mit etwas Mozzarella bestreuen und mit einem Klecks Pesto bestreichen. Das Pfännchen in den Raclette-Grill schieben und für 4 bis 8 Minuten backen.

3 Das fertige Gnocchi-Pfännchen aus dem Raclette-Grill nehmen, mithilfe des Holzspatels leeren und noch heiß genießen.

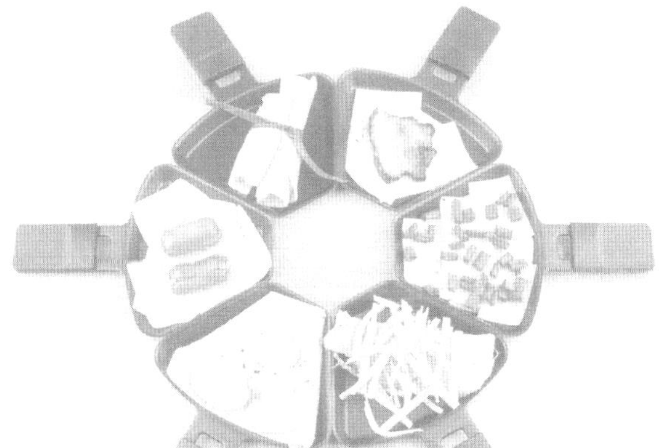

ÜBERBACKENER KÜRBIS

8 Port.

40 Min.

Leicht

Zutaten

400 g Raclettekäse
1 Kürbis
2 EL Olivenöl

Nährwerte p. P.

230 kcal
4 g Kohlenhydrate
17 g Fett
14 g Eiweiß

1 Zunächst den Backofen auf 200 °C Ober- und Unterhitze vorheizen und ein Backblech mit Backpapier auslegen. Währenddessen die Schale vom Kürbis entfernen und das Fruchtfleisch in ca. 3 cm lange Streifen schneiden.

2 Die Kürbisstreifen auf das vorbereitete Backblech legen und mit etwas Öl beträufeln. Im Anschluss das Blech in den Ofen schieben und den Kürbis für 10 bis 15 Minuten backen.

3 Nach Ablauf der Backzeit das Blech aus dem Ofen nehmen und die Kürbisstreifen in die Raclette-Pfännchen umfüllen. Jeweils mit einer Scheibe Käse belegen und die Pfännchen für 3 bis 6 Minuten in den Raclette-Grill schieben.

4 Die fertigen Pfännchen aus dem Raclette-Grill nehmen, mithilfe des Holzspatels leeren und direkt genießen.

TOMATE-MOZZARELLA-PFÄNNCHEN

6 Port.

10 Min.

Leicht

Zutaten

250 g Mozzarella
3 Tomaten
12 Basilikumblätter
Balsamico-Creme

Nährwerte p. P.

114 kcal
2 g Kohlenhydrate
8 g Fett
8 g Eiweiß

1 Zunächst die Tomaten waschen, die Stielansätze entfernen und in Scheiben schneiden. Danach das Basilikum waschen, trocken tupfen, die Blätter von den Stielen zupfen und diese hacken. Zum Schluss noch den Mozzarella in Scheiben zerteilen.

2 Nun je eine Tomatenscheibe in ein Pfännchen legen und mit einer Scheibe Mozzarella bedecken. Das Pfännchen für ca. 3 bis 7 Minuten in den Raclette-Grill schieben und backen.

3 Das fertige Tomate-Mozzarella-Pfännchen aus dem Raclette-Grill nehmen und mithilfe des Holzspatels leeren. Nun mit dem Basilikum bestreuen und mit etwas Balsamico-Creme garnieren. Direkt genießen.

BLATTSPINAT MIT CAMEMBERT

4 Port. 30 Min. Leicht

Zutaten

75 g Blattspinat
120 g Camembert
1 Knoblauchzehe
2 Birnen
4 TL grob gehackte Walnüsse
Salz, Pfeffer

Nährwerte p. P.

175 kcal
7 g Kohlenhydrate
13 g Fett
7 g Eiweiß

1 Zunächst den Spinat waschen, abtropfen lassen und in Streifen schneiden. Anschließend in eine Schüssel füllen und den Knoblauch schälen und zum Spinat pressen. Gründlich umrühren. Als Nächstes die Birnen schälen, die Kerngehäuse entfernen und in Würfel schneiden. Abschließend noch den Camembert in Scheiben zerteilen.

2 Nun den Spinat in die Pfännchen verteilen, mit einigen Birnenwürfeln toppen und mit Salz und Pfeffer würzen. Zum Schluss mit einer Scheibe Camembert belegen und mit einigen Walnüssen bestreuen. Die Pfännchen in den Raclette-Grill schieben und für ca. 4 bis 6 Minuten backen.

3 Die fertigen Pfännchen aus dem Raclette-Grill nehmen, mithilfe des Holzspatels leeren und direkt genießen.

KARTOFFEL-MÖHREN-RÖSTI

4 Port. 30 Min. Leicht

Zutaten

200 g festkochende Kartoffeln
2 Möhren
1 Stange Lauch
4 EL geriebener Käse
1 TL Majoran
Muskatnuss
Salz, Pfeffer

Nährwerte p. P.

83 kcal
12 g Kohlenhydrate
2 g Fett
4 g Eiweiß

1 Zunächst einen Topf mit Wasser befüllen, salzen und zum Kochen bringen. Anschließend die Kartoffeln hineinfüllen und für ca. 10 Minuten kochen. Nach Ablauf der Garzeit in ein Sieb abkippen und ausdampfen lassen.

2 In der Zwischenzeit die Möhren und den Lauch waschen, die Enden abtrennen und in schmale Scheiben aufschneiden. Nun die abgekühlten Kartoffeln pellen und fein raspeln oder hacken. Die Kartoffelraspel in eine Schüssel geben und mit den Lauch- und Möhrenscheiben vermengen. Mit Majoran und Muskat sowie Salz und Pfeffer würzen und alles nochmals gründlich vermischen.

3 Die Kartoffel-Masse in die Pfännchen verteilen, mit etwas geriebenem Käse bestreuen und im Anschluss für ca. 4 bis 8 Minuten im Raclette-Grill backen.

4 Die fertigen Pfännchen aus dem Raclette-Grill nehmen, mithilfe des Holzspatels leeren und direkt genießen.

MÖHRCHEN-SELLERIE-MIX AUS DER PFANNE

4 Port. 30 Min. Leicht

Zutaten

450 g Emmentaler
300 g Knollensellerie
100 g Crème fraîche
3 Möhren
1 Stange Lauch
1 rote Zwiebel
Etwas geriebene Muskatnuss
Etwas Paprikapulver, edelsüß
Salz, Pfeffer

Nährwerte p. P.

680 kcal
8 g Kohlenhydrate
54 g Fett
38 g Eiweiß

1 Zunächst einen Topf mit Wasser befüllen, leicht salzen und aufkochen. In der Zwischenzeit den Sellerie schälen und in schmale Streifen schneiden. Anschließend die Schale der Möhren abschälen und in Stifte zerteilen. Danach den Lauch putzen, die Enden abtrennen und ebenfalls in Streifen aufschneiden. Das vorbereitete Gemüse in das kochende Wasser füllen und für ca. 2 Minuten kochen. Nach Ende der Kochzeit in ein Sieb abkippen, mit kaltem Wasser abschrecken und abtropfen lassen.

2 Als Nächstes die Schale der Zwiebel abziehen, diese in schmale Halbringe zerteilen sowie den Käse raspeln. Nun das gegarte Gemüse in eine Schüssel füllen, die Zwiebelstreifen hinzufügen und beides mit der Crème fraîche verrühren. Im Anschluss ca. die Hälfte vom Käse dazugeben, mit Paprikapulver und Muskatnuss würzen und ausgiebig durchmischen. Abschließend noch mit Salz und Pfeffer abschmecken.

3 Die fertige Gemüse-Masse in die Raclette-Pfännchen verteilen, mit dem restlichen Käse bestreuen und im Raclette-Grill für 5 bis 10 Minuten backen. Die fertigen Pfännchen aus dem Raclette-Grill nehmen, mithilfe des Holzspatels leeren und sofort genießen.

Internationale Pfännchen

Eine kleine kulinarische Rundreise

DEUTSCHES SAISON-PFÄNNCHEN

 16 Port.
 40 Min.
 Leicht

Zutaten

600 g Kartoffeln, klein
400 g grüner Spargel
200 g Landschinken
150 g Sylter Scheibenkäse
185 g Quark mit Kräutern
40 g gehackte Mandeln
¼ Bund Petersilie
¼ Bund Schnittlauch
6 EL Rapsöl
2 EL Olivenöl
Salz, Pfeffer

Nährwerte p. P.

620 kcal
31 g Kohlenhydrate
38 g Fett
34 g Eiweiß

1 Zunächst die Kartoffeln waschen und in einen Topf füllen. Mit reichlich Wasser aufgießen, salzen und die Kartoffeln bei mäßiger Hitze für ca. 20 bis 25 Minuten garen. Nach Ende der Garzeit die Kartoffeln in ein Sieb abkippen, ausdampfen lassen und im Anschluss pellen und in Scheiben aufschneiden.

2 Als Nächstes die Mandeln in eine Pfanne geben und ohne Zugabe von Fett bei mäßiger Hitze goldbraun anrösten. Die gerösteten Mandeln aus der Pfanne nehmen und beiseitestellen.

3 Anschließend den Spargel waschen, das untere Drittel schälen und die holzigen Enden abtrennen. Die Stangen schräg in ca. 4 cm lange Stücke schneiden. Nun das Olivenöl in die bereits verwendete Pfanne füllen, erhitzen und den Spargel darin rundherum für ca. 5 Minuten anbraten.

4 Währenddessen den Schnittlauch und die Petersilie waschen, trocken tupfen und in einen Mixer füllen. Die Mandeln dazugeben, mit dem Rapsöl aufgießen und alles fein mixen. Abschließend mit Salz und Pfeffer würzen. Zum Schluss noch den Schinken und den Käse auf Pfännchen-Größe zurechtschneiden.

5 Nun die Pfännchen mit den Kartoffelscheiben befüllen und diese mit etwas Frühlingsquark bestreichen. Anschließend den Schinken und den Spargel darauflegen und mit einer Scheibe Käse bedecken. Die Pfännchen in den Raclette-Grill schieben und für 7 bis 10 Minuten backen. Sobald der Käse goldbraun geschmolzen ist, mit dem selbstgemachten Kräuteröl beträufeln und das fertige Deutsche Saison-Pfännchen genießen.

GRIECHISCHES PFÄNNCHEN

4 Port.

40 Min.

Leicht

Zutaten

1 kg Zucchini
185 g Paprikaquark
400 g Hähnchenbrustfilet
60 g getrocknete Tomaten (in Öl eingelegt)
60 g frisch geriebener Parmesan
1 Knoblauchzehe
8 grüne Oliven
8 schwarze Oliven
3 EL Olivenöl
Salz, Pfeffer

Nährwerte p. P.

458 kcal
10 g Kohlenhydrate
30 g Fett
35 g Eiweiß

1 Zunächst das Hähnchenfleisch unter fließendem Wasser abspülen, mit einem Küchenpapier trocken tupfen und in mundgerechte Stücke schneiden. Anschließend ein Esslöffel Öl in eine Pfanne füllen, heiß werden lassen und das Fleisch darin bei mäßiger Hitze für ca. 6 Minuten rundherum anbraten. Das Fleisch aus der Pfanne nehmen und beiseitestellen.

2 In der Zwischenzeit den Knoblauch schälen und zerdrücken sowie die Oliven und Tomaten in Scheiben bzw. Streifen schneiden. Im Anschluss die Zucchini waschen und in feine Julienne schneiden. Die Endstücke, die übrig bleiben, in kleine Würfel zerteilen.

3 Nun das restliche Öl in die bereits verwendete Pfanne füllen, heiß werden lassen und den Knoblauch kurz darin andünsten. Nach ca. 1 Minute die Zucchiniwürfel- und streifen dazugeben und mit anschwitzen. Nach 3 bis 4 Minuten die Hitzezufuhr reduzieren und die Zucchini in eine Schüssel umfüllen.

4 Nun einige Zucchinistreifen in die Pfännchen füllen, die Tomaten, die Oliven und das Hähnchenfleisch hinzufügen und mit einem Klecks Quark toppen. Abschließend mit etwas Parmesan bestreuen und für 7 bis 9 Minuten in den Raclette-Grill schieben.

5 Das fertige Pfännchen aus dem Raclette-Grill nehmen, mithilfe eines Holzspatels leeren und auf dem Teller nochmals kurz verrühren. Mit Salz und Pfeffer bestreuen und das griechische Pfännchen direkt genießen.

ITALIENISCHES PFÄNNCHEN

16 Port. 40 Min. Leicht

Zutaten

30 g Pinienkerne
100 g Zwiebeln, klein
50 g Rucola
100 g Kirschtomaten
250 g Mozzarella
185 g Paprika Quark
1 Baguette
4 Scheiben Parmaschinken
3 EL Wasser
2 EL Olivenöl
2 EL Balsamico-Creme
1 TL Zucker
Salz, Pfeffer

Nährwerte p. P.

864 kcal
33 g Kohlenhydrate
62 g Fett
32 g Eiweiß

1 Zunächst die Pinienkerne in eine Pfanne geben und ohne Zugabe von Fett bei mäßiger Hitze goldbraun anrösten. Die gerösteten Kerne aus der Pfanne nehmen und beiseitestellen.

2 Als Nächstes das Öl in die Pfanne füllen und erhitzen. Die Zwiebeln schälen und im heißen Öl andünsten. Währenddessen mit dem Zucker bestreuen und leicht karamellisieren lassen. Im Anschluss das Wasser und die Balsamico-Creme hinzufügen und für etwa 4 bis 5 Minuten garen. Zum Abschluss mit Salz und Pfeffer würzen und in Scheiben aufschneiden.

3 Als Nächstes das Baguette in dünne Scheiben aufschneiden und die Schinkenscheiben auf Pfännchen-Größe zurechtschneiden. Anschließend den Rucola waschen und trocken tupfen sowie die Tomaten waschen und in Hälften zerteilen. Zum Schluss noch den Mozzarella in Scheiben schneiden.

4 Nun je eine Brotscheibe mit etwas Quark bestreichen und in ein Pfännchen legen. Danach eine Scheibe Schinken, einigen Tomaten und Zwiebelscheiben drauflegen. Mit einer Mozzarellascheibe belegen und das Pfännchen im Anschluss in den Raclette-Grill schieben.

5 Für ca. 7 bis 10 Minuten backen. Zum Abschluss das fertige Pfännchen aus dem Raclette-Grill nehmen, mit einen Holzspatel leeren und mit Rucola und Pinienkernen toppen. Das fertige italienische Pfännchen direkt genießen.

ASIATISCHES PFÄNNCHEN

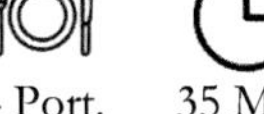

4 Port. 35 Min. Leicht

Zutaten

400 g Wasabi-Käse
150 g Glasnudeln
4 Frühlingszwiebeln
2 Limetten
1 Bund Koriander
2 EL Sojasoße
2 EL Sesamöl
2 TL Sesam

Nährwerte p. P.

629 kcal
10 g Kohlenhydrate
40 g Fett
25 g Eiweiß

1 Zunächst die Glasnudeln in ca. 10 cm lange Stränge zerteilen. Anschließend in eine Schüssel füllen und mit etwas kochendem Wasser übergießen. Für ca. 4 bis 5 Minuten quellen lassen und dann die Nudeln in ein Sieb abgießen und abtropfen lassen.

2 Als Nächstes die Frühlingszwiebeln putzen, die Enden abtrennen und in Scheiben schneiden. Anschließend die Limetten in Spalten schneiden.

3 Das Sesamöl in eine Pfanne geben, heiß werden lassen und ca. ⅔ der Frühlingszwiebeln darin anschwitzen. Nun die Nudeln dazugeben und mit der Sojasoße beträufeln. Gründlich vermengen und anschließend in die Raclette-Pfännchen umfüllen. Die Pfännchen mit einer Scheibe Wasabi-Käse belegen und mit etwas Sesam bestreuen. Je 1 bis 2 Limettenspalten seitlich in die Pfännchen stecken und anschließend im Raclette-Grill für ca. 7 Minuten backen. In der Zwischenzeit den Koriander waschen, trocken tupfen und hacken.

4 Zum Abschluss das fertige Pfännchen aus dem Raclette-Grill nehmen, mit einem Holzspatel leeren und mit dem Koriander und den restlichen Frühlingszwiebeln toppen. Nach Belieben die gegarten Limettenspalten über den fertigen Asiatischen Pfännchen ausdrücken und im Anschluss direkt genießen.

MEXIKANISCHES PFÄNNCHEN

16 Port. 25 Min. Leicht

Zutaten

500 g Hackfleisch
150 g Burlander, herzhaft-würzig
100 g Tortilla-Chips
250 g Kirschtomaten
280 g Mais (aus der Dose)
185 g Paprika Quark
8 eingelegte Jalapeños
2 Zwiebeln
Öl
Salz, Pfeffer

Nährwerte p. P.

753 kcal
29 g Kohlenhydrate
49 g Fett
41 g Eiweiß

1 Zunächst etwas Öl in eine Pfanne geben, erhitzen und das Hackfleisch darin bei mäßiger Hitze braten. Nach ca. 6 bis 8 Minuten die Pfanne vom Herd nehmen und den Quark einrühren. Währenddessen mit Salz und Pfeffer würzen.

2 Als Nächstes die Jalapeños und den Mais in ein Sieb kippen und abtropfen lassen. Die Zwiebeln schälen und in Ringe schneiden sowie die Tomaten waschen. Anschließend den Käse auf Pfännchen-Größe zurechtschneiden.

3 Etwas Öl auf die Grillplatte (oder in eine separate Pfanne) geben, erhitzen und die Zwiebeln für 2 bis 3 Minuten darin anschwitzen. Nun einige Tortilla-Chips in die Pfännchen verteilen, etwas Hackfleisch dazugeben sowie etwas Mais und Jalapeños hinzufügen. Zum Abschluss die Tomaten und die Zwiebeln darauflegen und mit einer Scheibe Käse toppen. Die Pfännchen in den Raclette-Grill schieben und für 7 bis 10 Minuten backen.

4 Zum Abschluss das fertige Pfännchen aus dem Raclette-Grill nehmen, mit einen Holzspatel leeren und das Mexikanische Pfännchen direkt genießen.

Süße Pfännchen

GEBACKENER JOGHURT MIT MARSHMALLOW-HIMBEER-TOPPING

6 Port. 10 Min. Leicht

Zutaten

30 g Sahnejoghurt
50 g Schoko Tröpfchen
200 g Himbeeren
40 g Mini-Marshmallows
2 EL Zucker

Nährwerte p. P.

108 kcal
18 g Kohlenhydrate
3 g Fett
1 g Eiweiß

5 Zunächst die Himbeeren in ein Sieb füllen, gründlich waschen und abtropfen lassen. Danach den Joghurt in eine kleine Schüssel füllen, mit dem Zucker vermischen und die Schoko Tröpfchen unterheben.

6 Nun einige Himbeeren in ein Raclette-Pfännchen füllen und mithilfe eines Teelöffels mit 2 bis 3 kleinen Klecksen der Joghurtcreme toppen.

7 Zum Abschluss ein paar Mini-Marshmallows darüber streuen und das Pfännchen für ca. 5 bis 7 Minuten in den Raclette-Grill geben. Das fertige Pfännchen aus dem Raclette-Grill nehmen, mithilfe des Holzspatels leeren und direkt genießen.

RACLETTE-PFANNKÜCHLEIN

10 Port. 25 Min. Leicht

Zutaten

220 g Mehl
30 g Butter
120 g Heidelbeeren
120 g Himbeeren
100 g Zartbitter Schokoladenstreusel
100 g gehackte Haselnüsse
2 Bananen
3 Eier
220 ml Milch
2 EL Zucker
2 bis 3 EL Kokosraspeln
Weitere Toppings (nach Belieben)

Nährwerte p. P.

313 kcal
34 g Kohlenhydrate
16 g Fett
7 g Eiweiß

1 Zunächst den Teig zubereiten. Hierfür die Butter schmelzen und mit dem Zucker verquirlen. Anschließend die Eier, die Milch und das Mehl dazugeben und alles mithilfe eines Handrührgeräts zu einem glatten Teig mixen.

2 Danach die Beeren waschen und ausgiebig abtropfen lassen. Anschließend die Bananen schälen und in gleichmäßige Scheiben schneiden. Das Obst jeweils in kleine Schälchen füllen und auch die Kokosraspeln, die Haselnüsse und die Schokostreusel bereitstellen.

3 Als Nächstes ca. 2 Esslöffel Teig in ein Raclette-Pfännchen füllen und nach Wunsch mit den Toppings belegen. Das Pfännchen für ca. 8 bis 10 Minuten in den Raclette-Grill schieben und die Pfannküchlein ausbacken. Das fertige Pfännchen aus dem Raclette-Grill nehmen, mithilfe des Holzspatels leeren und direkt genießen

MINI-CHEESECAKE

4 Port.

25 Min.

Leicht

Zutaten

50 g Puderzucker
50 g Himbeeren
50 g Heidelbeeren
50 g Schokolade
200 g Frischkäse
1 Ei
½ Zitrone
Öl

Nährwerte p. P.

271 kcal
22 g Kohlenhydrate
18 g Fett
6 g Eiweiß

1 Zunächst den Teig zubereiten. Hierfür den Frischkäse in eine Schüssel füllen und mit dem Ei und dem Puderzucker verrühren. Anschließend die Schale der halben Zitrone abraspeln und im Anschluss den Saft herauspressen. Beides zum Frischkäse-Mix geben und erneut gründlich verrühren.

2 Als Nächstes die Beeren in ein Sieb geben, waschen und abtropfen lassen sowie die Schokolade fein hacken.

3 Nun die Pfännchen mit etwas Öl auspinseln und 2 bis 3 Esslöffel der Teigmasse hineinfüllen. Ein paar Beeren darüber verteilen und leicht in den Teig drücken. Zum Abschluss mit etwas gehackter Schokolade toppen.

4 Das Pfännchen in den Raclette-Grill schieben und für ca. 5 bis 10 Minuten backen. Den fertigen Mini-Cheesecake aus dem Raclette-Grill nehmen, mithilfe des Holzspatels vorsichtig aus dem Pfännchen heben und direkt genießen.

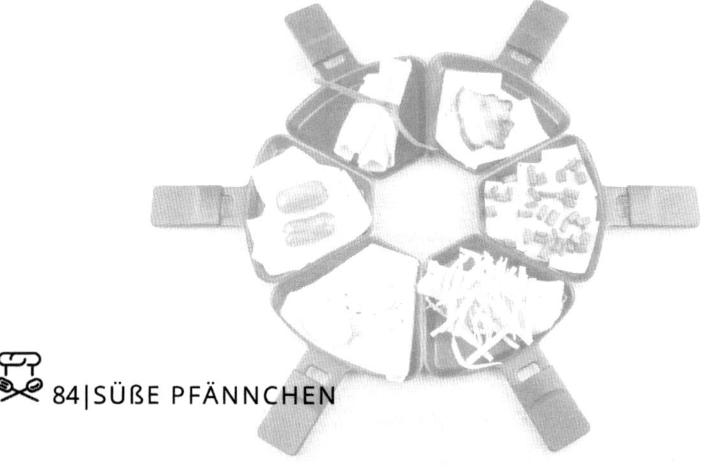

MINI-WAFFELN

 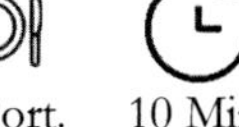 

22 Port. 10 Min. Leicht

Zutaten

60 g Butter
45 g Zucker
280 g Milch
225 g Mehl
2 Eier
2 Bananen
1 TL Vanillezucker
1 TL Backpulver gestrichen
Etwas Öl (oder Butter)
Nuss-Nougat-Creme

Nährwerte p. P.

91 kcal
13 g Kohlenhydrate
3 g Fett
2 g Eiweiß

1 Zunächst den Teig zubereiten. Hierfür die Butter, den Zucker sowie den Vanillezucker in eine Schüssel geben. Die Eier hinzufügen und alle Zutaten mithilfe eines Handrührgeräts verrühren. Danach die Milch hinzugießen und das Mehl zusammen mit dem Backpulver dazugeben. Nochmals mixen und zu einem glatten Teig verrühren. Im Anschluss die Bananen schälen und in Scheiben aufschneiden.

2 Als Nächstes ein Pfännchen mit etwas Öl oder Butter auspinseln, ca. 2 Esslöffel Teig einfüllen und mit einigen Bananenscheiben belegen. Das Pfännchen für ca. 5 bis 7 Minuten in den Raclette-Grill schieben und ausbacken.

3 Das fertige Pfännchen aus dem Raclette-Grill nehmen, mithilfe des Holzspatels leeren und nach Belieben mit der Nuss-Nougat-Creme bestreichen. Die Mini-Waffeln wahlweise warm oder kalt genießen.

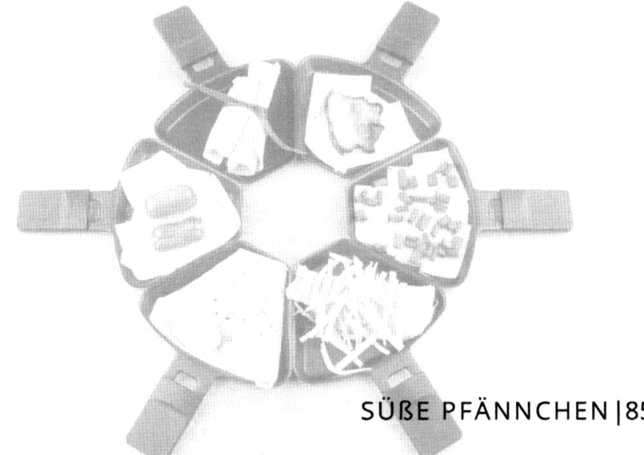

GEBACKENE APFELSTÜCKE

4 Port. 20 Min. Leicht

Zutaten

200 g Crème fraîche
4 Äpfel
2 Eigelbe
1 EL Zimt
1 EL Puderzucker

Nährwerte p. P.

261 kcal
19 g Kohlenhydrate
18 g Fett
3 g Eiweiß

1 Zunächst die Äpfel schälen, vierteln, die Kerngehäuse entfernen und in schmale Scheiben aufschneiden. Die Apfelscheiben fächerartig in die Pfännchen legen.

2 Als Nächstes die Crème fraîche in eine Schüssel füllen und mit den Eigelben sowie dem Puderzucker und dem Zimt verrühren. Etwas Crème-fraîche-Masse in die vorbereiteten Pfännchen gießen und die Pfännchen für ca. 10 Minuten im Raclette-Grill ausbacken.

3 Das fertige Pfännchen aus dem Raclette-Grill nehmen, mithilfe des Holzspatels leeren, mit etwas Zimt bestäuben und die gebackenen Apfelstücke noch warm genießen.

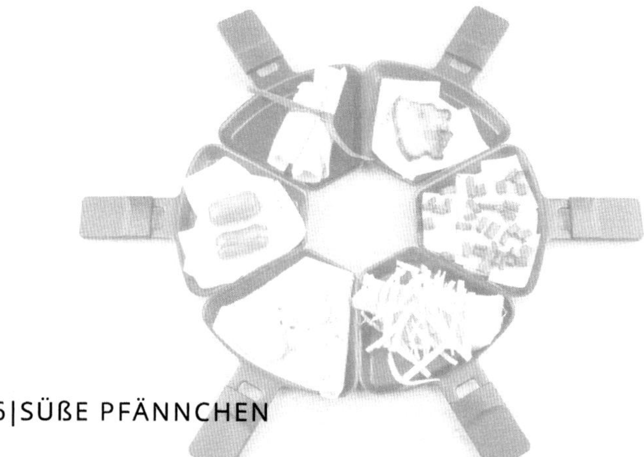

MINI-BROWNIES MIT DULCE DE LECHE

4 Port.

2 Std.
15 Min.

Mittel

Zutaten

400 g gezuckerte Kondensmilch
50 g Schokolade
60 g Butter
50 g Mehl
50 g Zucker
1 Ei
30 ml Milch
1 EL Kakaopulver

Nährwerte p. P.

428 kcal
39 g Kohlenhydrate
26 g Fett
10 g Eiweiß

1 Zunächst die Dulce de leche vorbereiten. Hierfür die Kondensmilch in drei Einmachgläser mit jeweils 150 ml Fassungsvermögen gießen. Die Gläser anschließend fest verschließen. Nun ein Geschirrhandtuch in einen großen Topf legen und die Gläser daraufstellen. Den Topf mit Wasser befüllen, bis die Gläser ca. halbhoch im Wasser stehen. Nun das Wasser bei mäßiger Hitze für ca. 2 Stunden kochen lassen und den Topf währenddessen mit einem Deckel abdecken. Nach Ende der Kochzeit die Gläser aus dem Topf nehmen und die Kondensmilch vollständig auskühlen lassen.

2 In der Zwischenzeit den Brownie-Teig zubereiten. Hierfür zunächst die Schokolade hacken und zusammen mit der Butter schmelzen lassen. Danach das Mehl in eine zweite Schüssel geben, mit dem Zucker und dem Kakao vermischen und anschließend das Ei dazugeben. Nun mit dem Schokoladen-Butter-Mix aufgießen und diesen unterrühren. Zum Schluss noch die Milch hinzugießen und alles zusammen zu einem homogenen Teig vermengen.

3 Als Nächstes 1 bis 2 EL der Teigmasse in ein Raclette-Pfännchen füllen und glattstreichen. Das Pfännchen in den Raclette-Grill schieben und für ca. 7 bis 10 Minuten backen.

4 Den fertigen Mini-Brownie mithilfe des Holzspatels aus dem Pfännchen heben, mit etwas Dulce de leche toppen und warm genießen.

SCHOKOKUSS-PFÄNNCHEN

9 Port.

10 Min.

Leicht

Zutaten

250 g Beerenmix
9 Schokoküsse
1 Baguette
Puderzucker

Nährwerte p. P.

202 kcal
35 g Kohlenhydrate
5 g Fett
4 g Eiweiß

1 Zunächst das Baguette in sehr dünne Scheiben schneiden sowie die Schaumküsse ebenfalls scheibenartig aufschneiden. Anschließend die Beeren waschen und abtropfen lassen.

2 Nun eine Scheibe Baguette in ein Pfännchen legen, mit einer Scheibe Schokokuss belegen und mit einigen Beeren toppen. Abschließend noch mit etwas Puderzucker bestäuben und dann für etwa 5 Minuten im Raclette-Grill backen.

3 Sobald die Schaumcreme sich goldbraun färbt, die fertigen Schokokuss-Pfännchen aus dem Raclette-Grill nehmen, mithilfe des Holzspatels leeren und direkt genießen.

MANDARINEN-MINI-KUCHEN

16 Port. 30 Min. Leicht

Zutaten

175 g Mandarinen (aus der Dose)
80 g Quark (20 % Fett)
2 Eier
1 Pck. Vanillepuddingpulver
100 ml Milch
2 EL Zucker
2 EL Speisestärke
¼ TL Zitronensaft
Schokostreusel
Puderzucker
Butter

Nährwerte p. P.

266 kcal
42 g Kohlenhydrate
8 g Fett
7 g Eiweiß

1 Zunächst die Mandarinen in ein Sieb kippen und abtropfen lassen. Währenddessen die Eier in eine Schüssel füllen, den Zucker dazugeben und schaumig verquirlen. Danach die Milch und den Quark hinzufügen und einrühren. Im Anschluss das Vanillepuddingpulver sowie das Backpulver, die Stärke und den Zitronensaft hinzufügen und alles zu einem glatten Teig mixen.

2 Die Pfännchen mit etwas Butter einfetten und den Teig portionsweise hineinfüllen. Zum Schluss mit einigen Mandarinenscheiben belegen, in den Raclette-Grill schieben und für ca. 12 bis 15 Minuten backen.

3 Das fertige Pfännchen aus dem Raclette-Grill nehmen und mithilfe des Holzspatels den Mandarinen-Mini-Kuchen vorsichtig herausheben. Mit einigen Schokostreuseln bestreuen sowie mit Puderzucker garnieren und wahlweise warm oder kalt genießen.

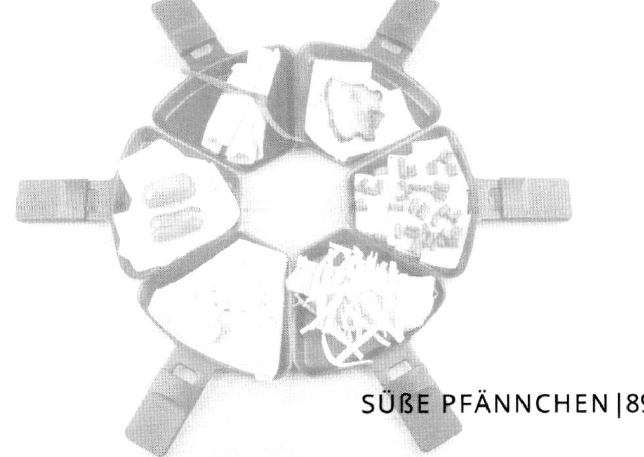

CRUMBLE-PFÄNNCHEN

12 Port.

10 Min.

Leicht

Zutaten

100 g weiche Butter
100 g Zucker
150 g Mehl
100 g Apfel
150 g Zwetschgen
1 TL Vanillezucker
½ TL Zimt
Etwas Öl

Nährwerte p. P.

140 kcal
18 g Kohlenhydrate
7 g Fett
1 g Eiweiß

1 Zunächst die Butter in eine Schüssel füllen, den Zucker sowie den Vanillezucker hinzufügen und das Mehl einrieseln lassen. Den Zimt dazugeben und alle Zutaten zu einer krümeligen Masse verkneten.

2 Als Nächstes die Zwetschgen waschen, entkernen und in Würfel schneiden sowie den Apfel waschen, das Kerngehäuse entfernen und ebenfalls würfeln.

3 Die Pfännchen mit etwas Öl bepinseln, nach Belieben mit Apfel- und/oder Zwetschgenwürfeln füllen und etwas Teig darüber krümeln. Das Pfännchen in den Raclette-Grill schieben und für ca. 7 bis 9 Minuten backen.

4 Das fertige Crumble-Pfännchen aus dem Raclette-Grill nehmen, mithilfe des Holzspatels leeren und direkt genießen.

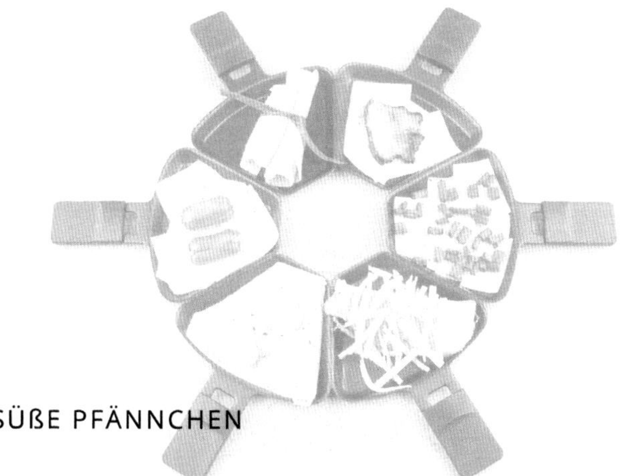

HERZHAFT-SÜßE BIRNE

4 Port. 15 Min. Leicht

Zutaten

70 g Walnüsse
1 Birne
3 Stiele Petersilie
4 Scheiben Käse
Etwas Öl

Nährwerte p. P.

189 kcal
11 g Kohlenhydrate
16 g Fett
3 g Eiweiß

1 Zunächst die Birne waschen, das Kerngehäuse entfernen und anschließend in sehr dünne Scheiben aufschneiden. Die Raclette-Pfännchen mit etwas Öl auspinseln und die Birnenscheiben fächerartig hineinlegen.

2 Als Nächstes die Walnüsse hacken sowie die Petersilie waschen, trocken tupfen und ebenfalls hacken. Beides über die Birne in die Pfännchen streuen.

3 Mit je einer Scheibe Käse toppen und die Pfännchen für ca. 7 bis 10 Minuten in den Raclette-Grill schieben. Das fertige Pfännchen aus dem Raclette-Grill nehmen, mithilfe des Holzspatels leeren und die herzhaft-süßen Birnen noch warm genießen.

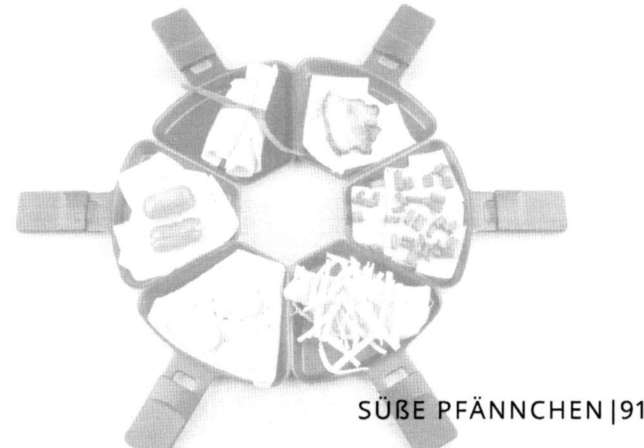

Von der Grillplatte

MARINIERTES ROASTBEEF

4 Port.

4 Std. 20 Min.

Leicht

Zutaten

500 g Roastbeef
2 Zwiebeln
2 Knoblauchzehen
50 ml Rotwein
25 ml Olivenöl + etwas Öl zum Einfetten
4 TL Balsamico Creme
Pfeffer
Paprikapulver
Rosmarin
Thymian

Nährwerte p. P.

249 kcal
5 g Kohlenhydrate
11 g Fett
29 g Eiweiß

1 Zunächst die Zwiebeln schälen, halbieren und in Ringe aufschneiden. Anschließend den Knoblauch schälen und in dünne Scheiben schneiden. Zum Schluss das Rindfleisch ebenfalls in kleine Scheiben zerteilen.

2 Eine Schüssel bereitstellen und den Boden der Schüssel mit Fleischscheiben auslegen. Danach eine Lage Zwiebeln und Knoblauch darauflegen und diese wiederum mit einer Schicht Fleisch bedecken. Auf diese Weise die Schüssel befüllen, bis die Zutaten verbraucht sind. Zum Schluss mit dem Rotwein, dem Olivenöl und der Balsamico Creme begießen und mit Thymian, Rosmarin, Paprikapulver und Pfeffer bestreuen. Nun alles vermengen und für ca. 4 Stunden im Kühlschrank durchziehen lassen.

3 Nach Ablauf der Ziehzeit das Fleisch aus dem Kühlschrank nehmen und die Grillplatte vorheizen. Die Platte mit etwas Öl bepinseln und anschließend das marinierte Roastbeef für jeweils 3 bis 5 Minuten pro Seite grillen. Direkt genießen oder im Pfännchen weiterverarbeiten.

GEGRILLTES BIER-HÄHNCHEN

4 Port. 1,5 Std. Leicht

Zutaten

600 g Hähnchenbrustfilet
200 g Schalotten
½ Bund Petersilie
50 ml Bier, dunkel
1 EL Senf
2 EL Öl
2 TL Aceto Balsamico
2 TL süßer Senf
1 TL Rohrzucker
Salz, Pfeffer

Nährwerte p. P.

260 kcal
6 g Kohlenhydrate
10 g Fett
36 g Eiweiß

1 Zunächst das Hähnchenfleisch unter fließendem Wasser abspülen, mit einem Küchenpapier trocken tupfen und in ca. fingerbreite Streifen aufschneiden. Anschließend das Bier in eine flache Schale gießen, mit dem Senf, dem Balsamico und einem Esslöffel Öl vermischen und kräftig salzen und pfeffern. Die Fleischscheiben nun in die Marinade legen, mehrfach wenden und anschließend die Form mit Frischhaltefolie bedecken. Das Hähnchen für mindestens eine Stunde im Kühlschrank ziehen lassen.

2 In der Zwischenzeit einen kleinen Topf mit Wasser befüllen, salzen und zum Kochen bringen. Währenddessen die Schale der Schalotten abziehen und in zwei Hälften zerteilen. Die Schalottenhälften in den Topf geben und für etwa 4 Minuten kochen. Danach in ein Sieb abkippen, mit kaltem Wasser abschrecken und abtropfen lassen.

3 Als Nächstes die Petersilie waschen, trocken tupfen, hacken und in eine Schüssel füllen. Die Schalotten hinzufügen und mit dem übrigen Öl vermischen. Mit Zucker süßen, salzen und pfeffern und ausgiebig vermengen.

4 Das Fleisch aus dem Kühlschrank nehmen und die Grillplatte vorheizen. Nun die Schalotten für ca. 10 Minuten auf der heißen Platte grillen. Hierbei zwischenzeitlich wenden. Anschließend die Hähnchenscheiben auf die Grillplatte geben und für ca. 2 bis 4 Minuten je Seite braten. Die Schalotten zusammen mit dem Bier-Hähnchen genießen oder im Pfännchen weiterverarbeiten.

MARINIERTES HÄHNCHEN

4 Port.

1 Std. 10 Min.

Leicht

Zutaten

500 g Hähnchenfleisch
3 Knoblauchzehen
½ Zitrone
9 EL Olivenöl + etwas Öl zum Einfetten
1 TL Paprikapulver
2 TL frischer Thymian
Salz, Pfeffer

Nährwerte p. P.

289 kcal
2 g Kohlenhydrate
31 g Fett
1 g Eiweiß

1 Zunächst den Thymian waschen, trocken schütteln und die Blätter von den Zweigen zupfen. Anschließend den Knoblauch schälen und zusammen mit dem Thymian in einen Mörser geben. Salz und Pfeffer hinzufügen und alles fein zerstoßen, bis eine cremige Paste entsteht. Die Paste in eine Schüssel umfüllen und den Saft der halben Zitrone dazu pressen. Mit dem Olivenöl aufgießen, das Paprikapulver hinzugeben und ausgiebig umrühren.

2 Das Hähnchenfleisch in mundgerechte Würfel schneiden und anschließend in die Marinade geben. Gründlich vermengen und im Kühlschrank für mindestens eine Stunde durchziehen lassen. Nach Ablauf der Ziehzeit das Fleisch aus dem Kühlschrank nehmen und die Grillplatte vorheizen sowie mit etwas Öl bepinseln. Anschließend das Fleisch auf die Grillplatte legen und für ca. 4 bis 8 Minuten grillen. Hierbei mehrfach wenden.

3 Das marinierte Hähnchenfleisch direkt genießen oder nach Belieben im Pfännchen weiterverarbeiten.

GRILLGEMÜSE

6 Port. | 1 Std. 15 Min. | Leicht

Zutaten

200 ml Olivenöl
½ Bund frische Kräuter (z.B. Estragon, Majoran, Oregano, Petersilie, Rosmarin)
2 bis 3 Knoblauchzehen
1 EL Zitronensaft
1 EL Sojasoße
1 TL Zucker
Etwas Öl (für die Grillplatte)
Gemüse (nach Wahl, z.B. Zucchini, Paprikas, Auberginen, Süßkartoffeln etc.)
Salz, Pfeffer

Nährwerte p. P.

284 kcal
2 g Kohlenhydrate
31 g Fett
1 g Eiweiß

1 Zunächst die Kräuter waschen, trocken tupfen und hacken. Anschließend den Knoblauch schälen und ebenfalls hacken. Alles in eine Schüssel füllen und mit dem Olivenöl, der Sojasoße und dem Zitronensaft aufgießen. Anschließend mit Zucker, Salz und Pfeffer würzen und gründlich verrühren.

2 Als Nächstes das Gemüse waschen, Stiele und Kerngehäuse entfernen und in mundgerechte Stücke zerkleinern. Das Gemüse zu der Marinade geben, untermischen und für mindestens eine Stunde im Kühlschrank ziehen lassen.

3 Nach Ende der Ziehzeit das Gemüse aus dem Kühlschrank nehmen, die Grillplatte vorheizen und mit etwas Öl bepinseln. Nun das marinierte Gemüse auf die Platte geben und rundherum für 4 bis 6 Minuten anbraten.

4 Das fertige Grillgemüse direkt genießen oder wahlweise im Pfännchen weiterverarbeiten.

MARINIERTER FISCH

4 Port.

1 Std. 15 Min.

Leicht

Zutaten

400 g Fischfilet (nach Wahl, z.B.: Lachs, Forelle, Barsch etc.)
50 g Olivenöl
2 Knoblauchzehen
6 Blätter frisches Basilikum
6 Zweige Thymian
½ Zitrone
1 EL Sojasoße

Nährwerte p. P.

104 kcal
2 g Kohlenhydrate
10 g Fett
1 g Eiweiß

1 Zunächst den Fisch unter fließendem Wasser abspülen, mit einem Küchenpapier trocken tupfen und in mundgerechte Stücke zerteilen. Anschließend den Knoblauch schälen sowie das Basilikum und den Thymian waschen, trocken tupfen und die Blätter von den Stielen zupfen. Den Knoblauch zusammen mit den Kräutern in einen Mörser geben und fein zerstoßen, bis eine Art Paste entsteht.

2 Die Paste in eine Schüssel umfüllen, den Saft der halben Zitrone dazu pressen und mit dem Olivenöl sowie der Sojasoße aufgießen. Alles gründlich verrühren und im Anschluss den vorbereiteten Fisch in die Marinade geben. Kurz vermengen und anschließend im Kühlschrank für mindestens eine Stunde ziehen lassen.

3 Nach Ende der Ziehzeit den Fisch aus dem Kühlschrank nehmen, die Grillplatte vorheizen und mit etwas Öl bepinseln. Nun den marinierten Fisch auf die heiße Platte geben und von beiden Seiten für je 2 bis 3 Minuten anbraten.

4 Den marinierten Fisch direkt genießen oder wahlweise im Pfännchen weiterverarbeiten.

Beliebte Beilagen

PIKANTER REIS

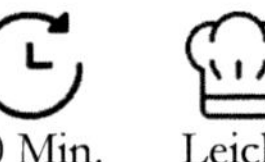

4 Port. 20 Min. Leicht

Zutaten

250 g Reis
200 g Erbsen (TK)
1 Zwiebel
1 Knoblauchzehe
1 rote Paprika
1 Bund Petersilie
400 ml Wasser
300 ml passierte Tomaten
4 bis 5 EL Ajvar
1 EL Tomatenmark
2 EL Olivenöl
1 TL Paprikapulver, edelsüß
Salz, Pfeffer

Nährwerte p. P.

379 kcal
61 g Kohlenhydrate
9 g Fett
9 g Eiweiß

1 Zunächst den Knoblauch und die Zwiebel schälen und jeweils fein hacken. Anschließend die Paprika waschen, das Kerngehäuse entfernen und in Stücke schneiden.

2 Als Nächstes das Olivenöl in einen Topf geben, erhitzen und den Knoblauch zusammen mit den Zwiebeln darin glasig andünsten. Nach 1 bis 2 Minuten die Paprika dazugeben und mit anschwitzen. Nun den Reis in den Topf rieseln lassen, das Tomatenmark hinzufügen und kurz mit anbraten lassen.

3 Im Anschluss mit dem Wasser sowie den passierten Tomaten aufgießen, das Ajvar und das Paprikapulver hinzugeben und alles gründlich umrühren. Bei mäßiger Hitze aufkochen lassen. Danach die Hitzezufuhr reduzieren und den Reis für ca. 10 Minuten sanft garen.

4 Nach Ablauf der Kochzeit die Erbsen hinzugeben, einrühren und alles mit Salz und Pfeffer würzen. Nochmals für 10 Minuten bei schwacher Hitze köcheln lassen, In der Zwischenzeit die Petersilie waschen, trocken tupfen und hacken.

5 Den fertigen Reis in eine Schüssel umfüllen, mit der Petersilie bestreuen und zum Raclette servieren.

KARTOFFELECKEN

2 Port. 50 Min. Leicht

Zutaten

8 Kartoffeln
1 Tasse Wasser
1 Bund Rosmarin
1 TL Kümmel
1 TL Salz
Etwas Öl (für die Form)
Pfeffer
Paprikapulver

Nährwerte p. P.

306 kcal
54 g Kohlenhydrate
5 g Fett
6 g Eiweiß

1 Zunächst eine Auflaufform mit Öl ausstreichen und den Backofen auf 200° Umluft vorheizen. Anschließend den Rosmarin waschen, trocken tupfen und die Nadeln von den Stängeln zupfen. Danach die Kartoffeln schälen, waschen und in Spalten schneiden.

2 Nun die Kartoffelspalten in der vorbereiteten Form verteilen und mit Salz und Pfeffer würzen. Im Anschluss noch mit dem Paprikapulver, dem Kümmel sowie dem Rosmarin bestreuen. Zum Schluss das Wasser über die Kartoffeln träufeln und die Form anschließend in den Backofen schieben. Die Kartoffelecken nun für ca. 25 bis 35 Minuten backen, bis sie goldbraun sind.

3 Die fertigen Kartoffelecken aus dem Ofen nehmen, in eine Schüssel umfüllen und zum Raclette servieren.

PFANNENBROT

 4 Port.  25 Min. Leicht

Zutaten

300 g Mehl
50 g weiche Butter
185 ml Milch
1 bis 2 TL Salz
1 TL Backpulver
Öl

Nährwerte p. P.

382 kcal
56 g Kohlenhydrate
13 g Fett
9 g Eiweiß

1 Zunächst die Milch erwärmen und die Butter hineingeben. Unter Rühren schmelzen. Anschließend das Mehl in eine große Schüssel sieben, mit dem Backpulver und dem Salz vermischen und im Anschluss zu der warmen Milch geben. Nun mit den Händen zu einem glatten, formbaren Teig kneten.

2 Nun eine Arbeitsfläche mit Mehl bestäuben und den fertigen Teig in 4 Portionen aufteilen. Jede Portion etwas flach drücken und mithilfe eines Nudelholzes ausrollen, sodass ca. 1 cm dicke Fladen entstehen.

3 Als Nächstes etwas Öl in eine Pfanne geben, heiß werden lassen und die Teigfladen nacheinander bei mäßiger Hitze ausbacken. Hierbei darauf achten, dass der Teigfladen gewendet wird, sobald die Oberfläche Blasen bildet.

4 Die fertigen Pfannenbrote anschließend in ein sauberes Geschirrhandtuch einwickeln, warmhalten und dann zum Raclette servieren.

FRISCHER SALAT MIT JOGHURT-DRESSING

4 Port.

25 Min.

Leicht

Zutaten

50 g gesalzene Pistazien
200 g Vollmilchjoghurt
3 Möhren
2 Mandarinen
1 rote Zwiebel
½ Friséesalat
1 Ingwer (ca. 1 cm)
3 bis 4 EL Weißweinessig
Salz, Pfeffer
Zucker

Nährwerte p. P.

166 kcal
15 g Kohlenhydrate
8 g Fett
7 g Eiweiß

1 Zunächst die Möhren schälen, die Enden abtrennen und in Julienne schneiden. Danach die Mandarinen schälen und filetieren sowie den Saft aus den Fruchthäuten pressen. Nun die Pistazien schälen und hacken, die Zwiebel schälen und Ringe aufschneiden sowie den Salat waschen, trocken tupfen und zerkleinern.

2 Als Nächstes das Dressing zubereiten. Hierfür den Ingwer schälen und mithilfe einer Reibe sehr fein raspeln. Den Joghurt in eine Schüssel füllen, den Mandarinensaft sowie den Essig hinzufügen und gründlich einrühren. Anschließend den geriebenen Ingwer dazugeben und alles mit Zucker, Salz und Pfeffer würzen. Nochmals gründlich verrühren und etwas ziehen lassen.

3 In der Zwischenzeit den Salat in eine Schüssel geben und die Möhren, die Zwiebeln und die Mandarinen dazugeben. Das Dressing über den Salat geben, mit den Pistazien bestreuen und direkt zum Raclette servieren.

MEDITERRANER NUDELSALAT

5 Port. 20 Min. Leicht

Zutaten

500 g Nudeln
100 g Rucola
3 bis 5 Strauchtomaten
1 Handvoll getrocknete Tomaten
1 Handvoll Pinienkerne
1 Handvoll gehobelte Mandeln
2 bis 3 EL passierte Tomaten (oder rotes Pesto)
1 EL Olivenöl
1 TL getrocknete Petersilie
Etwas geriebener Parmesan
Salz, Pfeffer

Nährwerte p. P.

466 kcal
55 g Kohlenhydrate
17 g Fett
20 g Eiweiß

1 Zunächst einen Topf mit Wasser befüllen, salzen und aufkochen lassen. Anschließend die Nudeln nach Packungsanleitung darin gar kochen.

2 In der Zwischenzeit die Mandeln und die Pinienkerne in eine Pfanne geben und ohne Zugabe von Fett bei mäßiger Hitze anrösten. Währenddessen die getrockneten Tomaten zerkleinern und die frischen Tomaten waschen und vierteln. Nach etwa 2 bis 3 Minuten das Olivenöl mit in die Pfanne füllen und die getrockneten Tomaten hinzufügen. Kurz mit anbraten und im Anschluss die passierten Tomaten oder wahlweise das Pesto mit in die Pfanne geben. Gründlich verrühren und mit Petersilie, Salz und Pfeffer abschmecken.

3 Zum Abschluss die fertigen Nudeln in ein Sieb abgießen, abtropfen lassen und dann in eine Schüssel umfüllen. Die Soße dazugeben und alles gründlich vermengen. Nun den Rucola waschen, trocken tupfen, grob zerkleinern und zusammen mit den frischen Tomaten zu den Nudeln geben. Abschließend mit etwas Parmesan bestreuen und den warmen Salat direkt zum Raclette servieren.

Soßen und Dips

KNOBI-DIP

4 Port. 15 Min. Leicht

Zutaten

1 Becher Frischkäse
½ Becher Crème fraîche
1 Knoblauchzehe
1 Bund Schnittlauch
Salz, Pfeffer

Nährwerte p. P.

47 kcal
2 g Kohlenhydrate
4 g Fett
1 g Eiweiß

1 Zunächst den Knoblauch schälen und zerdrücken. Anschließend den Schnittlauch waschen, trocken tupfen und hacken.

2 Als Nächstes den Frischkäse in eine Schüssel füllen, die Crème fraîche hinzugeben und den Knoblauch sowie die Schnittlauchröllchen hinzufügen. Alles gründlich verrühren und mit Salz und Pfeffer würzen. Den Dip für mindestens eine Stunde in den Kühlschrank stellen und durchziehen lassen.

3 Nach Ende der Ziehzeit den Knobi-Dip zum Raclette servieren.

Tipp: ideal zu Fisch, Fleisch und Gemüse

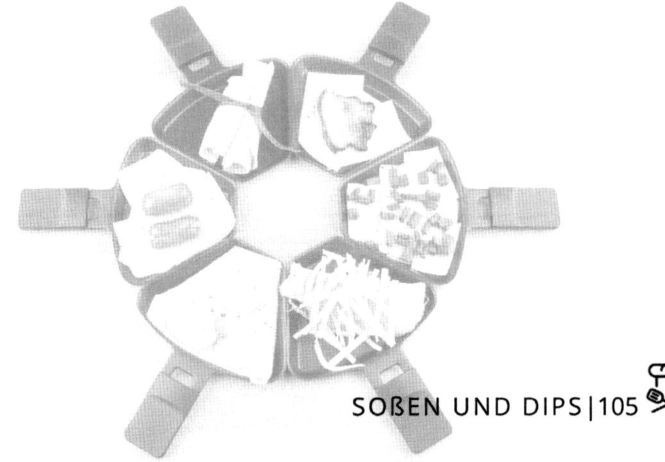

SCHARFE SALSA-SOSSE

4 Gläser | 40 Min. | Leicht

Zutaten

1,2 kg Tomaten
5 Knoblauchzehen
2 bis 3 rote Zwiebeln
3 bis 4 grüne Chilischoten
100 ml Olivenöl
100 ml Apfelessig
2 EL Rauchpaprikapulver
2 EL Kreuzkümmel
Öl
Zucker
Salz, Pfeffer

Nährwerte p. P.

292 kcal
14 g Kohlenhydrate
24 g Fett
4 g Eiweiß

1 Zunächst die Zwiebeln und den Knoblauch schälen und jeweils sehr fein hacken. Anschließend die Tomaten waschen, die Stielansätze entfernen und das Fruchtfleisch würfeln. Zuletzt die Chilischoten waschen und in schmale Ringe zerteilen.

2 Als Nächstes etwas Öl in einen Topf geben, heiß werden lassen und ca. die Hälfte der Tomatenwürfel hineingeben. Bei starker Hitze scharf anbraten und währenddessen mit einer Prise Zucker bestreuen. Nach 3 bis 4 Minuten die Zwiebeln, den Knoblauch, den Chili und die restlichen Tomaten mit in den Topf füllen und bei mäßiger Hitze mit anbraten.

3 Im Anschluss mit dem Essig beträufeln sowie mit dem Rauchpaprikapulver, Kreuzkümmel, Salz und Pfeffer würzen. Alles gründlich umrühren und dann den Topf mit einem Deckel abdecken. Bei schwacher Hitze für 20 bis 30 Minuten leise köcheln lassen, bis die Tomaten zerkocht sind.

4 Die scharfe Salsa-Soße direkt servieren oder in sterile Gläser umfüllen. Die Gläser verschließen und bis zur Verwendung kühl und trocken lagern.

Tipp: ideal zu Fleisch, Gemüse und Tortillachips

GUACAMOLE

1 Port. 10 Min. Leicht

Zutaten

2 Avocados
2 Tomaten
½ Zitrone
2 Knoblauchzehen
Salz, Pfeffer

Nährwerte p. P.

377 kcal
18 g Kohlenhydrate
30 g Fett
7 g Eiweiß

1 Zunächst die Avocados halbieren, den Kern entfernen und das Fruchtfleisch mit einem Löffel herausheben. Anschließend das Avocadofleisch mithilfe einer Gabel zerdrücken und das Mus in eine Schüssel füllen.

2 Als Nächstes die Tomaten waschen, die Stielansätze entfernen und das Fruchtfleisch hacken. Die Tomatenwürfel ebenfalls in die Schüssel füllen und den Saft der halben Zitrone dazu pressen. Zum Schluss noch den Knoblauch schälen, mit in die Schüssel pressen und alles gründlich vermischen. Währenddessen mit Salz und Pfeffer abschmecken.

3 Die fertige Guacamole direkt zum Raclette servieren.

Tipp: ideal zu Fleisch, Tortillas und Brot

KRÄUTER-JOGHURT-DIP

4 Port. 25 Min. Leicht

Zutaten

250 g griechischer Joghurt
½ Bund Schnittlauch
½ Bund Petersilie
1 Knoblauchzehe
1 Msp. Cayennepfeffer
Salz, Pfeffer

Nährwerte p. P.

54 kcal
6 g Kohlenhydrate
1 g Fett
4 g Eiweiß

1 Zunächst den Schnittlauch und die Petersilie waschen, trocken tupfen und jeweils fein hacken. Beides in eine Schüssel füllen, die Knoblauchzehe schälen und dazu pressen.

2 Als Nächstes den Joghurt zu den Kräutern geben, mit Salz, Cayennepfeffer und Pfeffer würzen und zu einer glatten Creme verrühren.

3 Den fertigen Kräuter-Joghurt-Dip für mindestens 15 Minuten durchziehen lassen und dann zum Raclette servieren.

Tipp: ideal zu frischem Gemüse, Grillgemüse und Fleisch

TOMATENBUTTER

4 Port. 5 Min. Leicht

Zutaten

100 g weiche Butter
40 g Tomatenmark
2 getrocknete Tomaten in Öl
1 Knoblauchzehe
Salz, Pfeffer

Nährwerte p. P.

210 kcal
3 g Kohlenhydrate
21 g Fett
1 g Eiweiß

1 Zunächst die weiche Butter in eine Schüssel füllen und das Tomatenmark dazugeben. Anschließend den Knoblauch schälen und zur Butter pressen. Alles gründlich miteinander verrühren und zwischenzeitlich mit Salz und Pfeffer würzen.

2 Abschließend die getrockneten Tomaten in ein Sieb abkippen, abtropfen lassen und dann zerkleinern. Im Anschluss zu der Butter geben und einarbeiten.

3 Die fertige Tomatenbutter bis zum Servieren im Kühlschrank kaltstellen und erst 15 Minuten vor dem Servieren herausnehmen, damit sie nicht zu weich wird.

Tipp: ideal zu Baguette, Brot und Brötchen

GRÜNES PESTO

4 Port. 25 Min. Leicht

Zutaten

40 g Pinienkerne
50 g Basilikum
40 g Parmesan
1 Knoblauchzehe
10 EL Olivenöl
Salz

Nährwerte p. P.

125 kcal
2 g Kohlenhydrate
11 g Fett
6 g Eiweiß

1 Zunächst die Pinienkerne in eine Pfanne füllen und ohne Zugabe von Fett goldbraun anrösten. Anschließend auf einen Teller geben und abkühlen lassen. Danach das Basilikum waschen, trocken tupfen und die Blätter von den Stielen zupfen.

2 Als Nächstes den Knoblauch schälen und in einen Mörser geben. Die Pinienkerne dazugeben und leicht salzen. Nun grob zerstoßen. Danach das Basilikum hinzufügen und die Blättchen ebenfalls. Zum Schluss noch den Parmesan dazugeben, nochmals gründlich zerstoßen und anschließend langsam mit dem Öl aufgießen, bis ein cremiges Pesto entsteht.

3 Das fertige grüne Pesto mit etwas Salz abschmecken und dann zum Raclette servieren.

Tipp: ideal zu Pasta und Brot

SCHARFER FRISCHKÄSE

4 Port. 15 Min. Leicht

Zutaten

200 g Frischkäse
12 getrocknete Tomaten in Öl
1 Knoblauchzehe
1 rote Zwiebel
1 kleine Chilischote
3 EL Tomatenmark
1 EL Olivenöl
1 TL Rosmarin
½ TL Salz
Pfeffer

Nährwerte p. P.

253 kcal
12 g Kohlenhydrate
19 g Fett
6 g Eiweiß

1 Zunächst die getrockneten Tomaten abgießen und zerkleinern. Anschließend in ein hohes Gefäß füllen. Nun die Zwiebel und den Knoblauch schälen, klein schneiden und mit in das Gefäß füllen. Abschließend die Chilischote waschen und zum restlichen Gemüse geben. Mithilfe eines Mixers fein pürieren.

2 Als Nächstes den Frischkäse, das Tomatenmark und das Öl hinzufügen, nochmals gründlich mixen und abschließend mit Rosmarin, Salz und Pfeffer abschmecken.

3 Den fertigen Dip bis zum Servieren kaltstellen und dann zum Raclette genießen.

Tipp: ideal zu Grillgemüse, Fleisch und Brot

SOMMERLICHE CURRYSOẞE

4 Port.

30 Min.

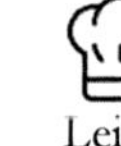
Leicht

Zutaten

150 g geschälte Mandelkerne
300 g Crème double
1 Knoblauchzehe
1 Ingwer (ca. 2 cm)
½ Banane
100 ml Gemüsebrühe
5 EL Orangensaft
2 EL Curry, mild
1 Msp. Cumin
Salz, Pfeffer

Nährwerte p. P.

572 kcal
12 g Kohlenhydrate
53 g Fett
10 g Eiweiß

1 Zunächst den Knoblauch und den Ingwer schälen und sehr fein hacken. Anschließend die Mandeln ebenfalls hacken. Den Knoblauch, den Ingwer und die Mandeln in eine beschichtete Pfanne füllen und ohne Zugabe von Fett andünsten. Nach 1 bis 2 Minuten mit Currypulver und dem Cumin bestreuen und dann mit der Brühe aufgießen. Bei mäßiger Hitze für ca. 10 Minuten kochen.

2 Nach Ende der Kochzeit die Banane schälen, zu der heißen Flüssigkeit geben und mithilfe eines Pürierstabs fein mixen. Danach löffelweise die Crème Double hinzufügen und erneut pürieren, bis eine cremige Masse entsteht.

3 Die sommerliche Currysoße mit Orangensaft verfeinern und bei Bedarf nochmals mit Salz und Pfeffer abschmecken.

Tipp: ideal zu Fisch und Meeresfrüchten

APFEL-CHUTNEY

6 Gläser | 1 Std. 40 Min. | Mittel

Zutaten

2 kg Äpfel
250 g rote Zwiebeln
250 g Zwiebeln
250 g Gelierzucker (2:1)
400 g Kokosblütenzucker
2 Chilischoten
1 Stück Ingwer (ca. 1,5 cm)
1 Stange Vanille
500 ml Weißwein
500 ml Apfelessig
1 EL Garam Masala
1 EL Salz

Nährwerte p. P.

718 kcal
155 g Kohlenhydrate
1 g Fett
3 g Eiweiß

1 Zunächst die Äpfel schälen, vierteln, die Kerngehäuse entfernen und klein würfeln. Anschließend die Zwiebeln schälen und hacken sowie die Vanilleschote der Länge nach aufschneiden, das Mark herauskratzen und in 2 cm lange Stücke zerkleinern. Zum Schluss noch den Chili waschen und in Ringe schneiden sowie die den Ingwer schälen und fein reiben.

2 Als Nächstes den Kokosblütenzucker in einen Topf füllen und bei mäßiger Hitze unter Rühren schmelzen lassen. Nun die Zwiebeln sowie die Apfelwürfel dazugeben und mit dem geschmolzenen Zucker verrühren. Im Anschluss mit dem Weißwein und dem Essig aufgießen.

3 Den Chili sowie den Ingwer mit in den Topf füllen, das Vanillemark sowie die Schotenstücke einrühren und mit dem Garam Masala und dem Salz würzen. Für ca. 15 Minuten bei mäßiger Hitze leise köcheln lassen. Nach Ende der Kochzeit den Gelierzucker hinzufügen, kräftig einrühren und dabei aufkochen lassen.

4 Das fertige Apfel-Chutney direkt servieren oder in sterile Gläser füllen. Die Gläser verschließen und bis zur Verwendung kühl und trocken lagern.

Tipp: ideal zu gegrilltem Gemüse, Brot und Wildfleisch

KNOBLAUCH-MAYO

4 Port.

15 Min.

Leicht

Zutaten

2 bis 3 Knoblauchzehen
1 Ei
125 ml Olivenöl
½ TL Senf
1 TL Zitronensaft
Salz, Pfeffer

Nährwerte p. P.

282 kcal
1 g Kohlenhydrate
30 g Fett
1 g Eiweiß

1 Zunächst den Knoblauch schälen und in einen Mixer füllen. Anschließend das Ei sowie den Senf dazugeben und alles fein mixen.

2 Nach und nach das Öl dazu gießen und währenddessen weiter mixen. Die Zutaten vermischen sich dabei zu einer cremigen Masse.

3 Die fertige Knoblauch-Mayo mit Zitronensaft, Salz und Pfeffer abschmecken und bis zum Verzehr im Kühlschrank kaltstellen.

Tipp: ideal zu Kartoffelgerichten, Grillgemüse und Brot